経済学
オープン・セサミ

人生に得する15の奥義

山﨑好裕 著

ナカニシヤ出版

はじめに

　本書を手に取っていただいた皆さんは，経済学や経済に何らかの関心をお持ちの方だろう。最近は経済のことが分からないと仕事にも生活にも差し支える。そこで，一から経済学を学んでみようという方もいらっしゃるだろう。また，大学で経済学を学んだが，卒業してからしばらくたつし，中身もすっかり忘れてしまった。もう一度，経済学に触れてみたいという方もいらっしゃるはずだ。さらに，現在，経済学部の学生として，あるいは，公務員試験等の準備で経済学を学んでいるが，今一つ，靄がかかったように経済学が見えてこない。経済学の学習に興味が持てない。そういう方もいらっしゃるだろう。いずれの方々にとっても，本書は最適である。難しげな数式や理屈を使うことなく，単刀直入に経済理論の本質に切り込んでいる。また，経済学者のエピソードを交えることで，一般の方々が知り得ない経済学の内幕も暴露して興味を喚起している。さらに，本書は経済学の研究者にも読んでほしいと思っている。各理論間の有機的関係や直観的理解を主題にした著作には，あまり類書がないであろうから。

　「開けゴマ！」の呪文とともに明かされる経済学の極意を，私は生きるための知恵だと思っている。経済学といっても，ただ金の計算や金儲けの研究をしているのではないのである。本書を読んだ皆さんには，経済学というものが人間の真理を突いていて，日常を深くえぐった面白い学問であることを知ってもらいたい。人が合理的に，したがって，賢く生きるにはどうすればよいかを，これまた理路整然と研究するのが経済学本来の仕事である。だから，経済学は人間学であるし，合理性を極限まで追求する意味で論理学であり，数学なのである。私が大学の授業で，学生さんたちに口癖のように「経済学を学ぶと頭がよくなる」と言っているのは，このためである。経済学の最終的な効用はその一点に尽きるのだ。

　したがって，経済学の論理は人間社会の隅々を貫いている。経済合理性の

追求などというと金のガリガリ亡者のように感じる人もいるだろうし，開発主義と結び付けて地球環境問題を懸念する向きもあるだろう．しかし，生活や経済の無駄を減らして，人々皆の幸せを実現していくことに真っ向から反対する人はいないだろう．それこそが，経済学が学問として成立している意味であり，目的である．ボケーッとして休んで，明日の活力を蓄えることも人生のために必要な合理的な過ごし方であるし，環境や自然を保護するための最適な手段を考えるのも経済学の仕事である．

　もちろん，私たちの社会の基盤には働いて食べることがあり，それを司っているのが経済の分野である．そして，経済のロジックは結局，合理性であり，世間のものやお金の流れはとことんこのロジックに従っている．だから，消極的に言っても，経済学に通じることなくして，世の中を見ることはできないし，自分の人生で損を避けることもできない．まさに，現代において，老若男女を問わず，経済学が必須科目となってきているのだ．

　経済学に触れておくことで，税理や会計，簿記，投資や保険数理，年金など，様々な経済系の資格や知識を得る基本的な準備もできる．私は，「経済学が役に立たない」とおっしゃる方々の認識過程を理解できない．たぶん，その方々が勉強された講義や書物がよくなかったのだろう．逆に，経済学の真価に触れることのできた人は，上記の様々な勉強や経済状況の分析において長足の進歩を遂げることができること請合いである．

　本書は，サブタイトルにもあるように15の章からなっている．読者の皆さんには，章という固いイメージで捉えるより，物語として楽しみながら読んでもらいたいと思っている．だから，皮肉っぽいものも含めて，中身を暗示する諺や言い回しを章の見出しにした．各章には，19世紀から現代までの経済学者を一人ずつ割り振ってある．ノーベル経済学賞の受賞者も多いが，一般読者には知られていない玄人好みの理論家たちを扱ってみた．そうした渋い経済学者たちの人生や生き方を追っているうちに，知らないうちに経済学のいちばん深いところまで踏み込んでいることに，気付いていただけることと思う．

　各章は独立しているので，ランダムに読んでいただいて結構である．しか

し，本書のような順番にしたことには年代順以外の意味もあり，第 1 章から順次読み進んでいただくことで，経済学の考え方を体系的に習得できる効果も目指した。注も読みやすいものにしてあるので，本文とともに味わっていただきたい。図の説明や数値計算では，紙と鉛筆を用意していただいてじっくり取り組まれるのも楽しいだろう。なお，ご自身にとって説明が不十分な点は，気軽に yamazaki@fukuoka-u.ac.jp までお尋ねいただきたい。

　それでは，早速，経済学の宝物が眠る洞窟のなかへと歩を進めよう。経済学，オープン・セサミ!!

目　　次

はじめに　*i*

第1章　求めよ,さらば与えられん　　3
■ウィーエルと相互需要論
1　数理モデルの祖／2　相互需要と交易条件／3　オファー・カーブ／4　弾力性／5　Jカーブ効果

第2章　人を呪わば穴二つ　　16
■クールノーと寡占理論
1　早すぎた登場／2　寡占理論の先駆者たち／3　数量競争と価格競争／4　先導者と追随者

第3章　渡る世間に鬼はなし　　29
■オーリンと国際貿易論
1　北欧の伝統／2　ケインズの論敵／3　貿易の存在理由／4　要素価格フロンティア／5　リプチンスキーの定理

第4章 幸せな家庭はどこもよく似ている 43
■スティグラーと価格理論

1 ミスター・ミクロとミスター・マクロ／2 価格とは何か／3 主体均衡と市場均衡／4 一般均衡と経済厚生／5 分配の数理

第5章 盗人を捕えて縄をなう 56
■ヴァイナーと費用理論

1 シカゴ学派の起源／2 宗教と経済／3 包絡線の理論／4 短期と長期／5 費用と生産

第6章 金は天下の回りもの 68
■ロバートソンと利子理論

1 サラブレッドの悲哀／2 貸付資金説の成立／3 流動性選好説との重なりと分岐／4 流動性選好説の真の位置／5 単利と複利

第7章 二兎を追う者は一兎をも得ず 82
■トービンと投資理論

1 オールド・ケインジアン／2 資産管理とポートフォリオ／3 平均・分散アプローチ／4 金融工学の発展／5 在庫理論モデル

第8章 勝てば官軍，負ければ賊軍　95
■モジリアニと財務理論

1　イタリア系アメリカ人／2　モジリアニ＝ミラーの定理／3　定理の本質／4　世代重複モデル

第9章 賢者は歴史に学び，愚者は経験に学ぶ　107
■ハーベルモと経済統計論

1　栄光の10年／2　計量経済学の歩み／3　外生変数と内生変数／4　同時方程式モデルの推計／5　時系列分析

第10章 人の振り見て我が振り直せ　118
■ラムジーと主観確率論

1　神々の時代／2　展開形ゲーム／3　情報集合／4　主観確率／5　ベイズの公式

第11章 思い立ったが吉日　130
■クープマンスと最適成長理論

1　職人経済学者／2　代表的個人モデルと最適成長／3　新古典派の黄金律／4　最適資本ストックと投資／5　ケーキの食べ方問題

第12章 日の下に新しきものなし　143
■ヤングと技術進歩論

1 アメリカからイギリスへ／2 技術進歩を考える／3 外生的技術進歩／4 技術進歩の中立性／5 内生的技術進歩へ

第13章 急いてはことを仕損じる　154
■マンデルと国際金融論

1 国際的な顔ぶれ／2 マンデル＝フレミング・モデル／3 オーバーシューティングの理論／4 カバー付き金利平価

第14章 待てば海路の日和あり　168
■パティンキンと経済政策論

1 持続するケインズ革命／2 AS−AD分析／3 クラウディング・アウト／4 実質残高効果／5 乗数という考え方

第15章 先んずれば人を制す　180
■ルーカスと景気循環論

1 数学と歴史の間／2 合理的期待革命の渦中へ／3 ルーカス・クリティーク／4 インフレとフィリップス・カーブ／5 均衡景気循環論への歩み

文献案内　193

おわりに　195

人名索引　199

事項索引　201

経済学オープン・セサミ
――人生に得する 15 の奥義――

第1章 ■ウィーエルと相互需要論
Whewell, William, 1794-1866

求めよ, さらば与えられん

"Mathematical Exposition of Some Doctorin of Political Economy"
(「経済学の若干の学説の数学的証明」1829年)

1　数理モデルの祖

　経済学が生まれたころ，人々は近代経済の不思議に心を奪われ，純粋な興味から経済現象の解明を志した。どうして分業をするとたくさんのものが作れるのだろう。品物の値段はどうやって決まるのだろう。どうすれば我が国は豊かになるのだろう。1776年，奇しくもアメリカ独立宣言と時を同じくして出版された，アダム・スミスの『諸国民の富』は，こうした驚きに満ちている。

　産業革命を終えたイギリスでは，世界の工場と称された生産力の発展と繁栄を誇る一方で，ほぼ10年を周期とする景気循環が観測されるようになり，豊かさと貧困との共存がアマチュア経済学者たちの注目を集めた。アマチュアと言っても，大学で経済学を教えることが一般的になる前の時代であるから，経済学者は皆アマチュアであった。そのなかで，牧師でもありユニバーシティ・カレッジの教員でもあったロバート・マルサスは，名士たちを集めて経済学クラブを作り，毎週，経済問題の討論に時を費やした。そのメンバーの一人で，ナポレオン戦争時の国債引受で莫大な富を築いた証券ブローカー，デイビッド・リカードは，持って生まれた論理的思考を駆使して，一つの経済学パラダイム[1]を作り上げる。古典派経済学の誕生である。

古典派経済学は，生産の期間と流通の期間を峻別する発想や，賃金の高低と人口の増減を結びつける視点を共通の枠組みとして発展した。景気が変動する原因を，供給や生産の条件が変わることに求めるのか，それとも，階級間の分配の変化が需要不足をもたらすことに求めるか，リカードとマルサスの論争に端を発する内部での論争も継続された。また，金融の理論が付け加えられると，物価の上昇の原因が貨幣量の増加にあるのか，それとも物価が上昇したから結果として貨幣量が増えたのか，鶏が先か卵が先かの論争も盛んに繰り広げられた。[2] まさに，一つの学問パラダイムとして大いに栄えたのである。

　学問が発展していくと，学問自身への反省も盛んになっていく。我が学問はこれまでどのように発展してきたのか，我が学問の成り立ちや基礎はどうなっているのか，ということを論じて自ら完結し，威儀を整えようとする。古典派経済学の場合も同じであり，当時既に経済学の方法を巡って議論が展開されていた。学問の発展の道筋を明らかにするのが科学史，成り立ちや基

---

1) パラダイムという言葉はもともと文法論で語法の全体を指していたが，科学史家のトマス・クーンによって，学問のある時代を支配する考え方の総体を表わす用語として使われるようになった。クーンの出した例は，天文学で天動説から地動説へとパラダイムが転換したという分かりやすいものだったが，多くの学問でこうした現象が見られる。クーンの呼び方ではパラダイムの転換を科学革命と言うが，経済学でのこうした転換は古典派経済学から現代の経済学へというかたちで，19世紀末に起こったと考えられる。したがって，大雑把に言って，古典派経済学100年，現代の経済学100年ということだが，今世紀，さらに新しいパラダイムは誕生するのだろうか。もしかすると，コンピュータ技術の発展でシミュレーションなど新しい研究方法が本格的に可能になったことが，発想の転換をもたらすかもしれない。

2) 結局のところ，古典派の経済学者は皆，貨幣ヴェール観と呼ばれる，経済の実体と名目としての貨幣とを峻別する立場に立つ。だから，通貨論争と呼ばれるこの議論も，学問的には大きな意味を持たない。しかし，当時のイギリスでは，中央銀行であるイングランド銀行の発券量に制限を設けるかどうかの政策的な議論として展開されたので，論争の帰趨は重大な問題であった。イングランド銀行の立場に立ち，貨幣政策の失敗がインフレをもたらしたのではないとする銀行学派と，インフレは通貨が多すぎるために起きるから，イングランド銀行の金庫にある地金に準じた発券に留めるべきだとする通貨学派が，激しく火花を散らした。結局は通貨学派が勝利し，イングランド銀行の発券に上限を設けるピール条例が成立する。

礎を問うのが科学哲学だが，古典派経済学も，既にそれらを兼ね備えていたのである。難しいことを抜きにして言えば，とどのつまりは，経済学は経験や観察に基づいて議論をしているのか，それとも，論理や数理に基づいて先験的に理論を導いているのか，という二つの見方がこれにあたる。学問の方法として，古くから，前者を帰納法，後者を演繹法と呼んでいるのはご存知だろう。私は，「そりゃ，どう考えても両方だろう」ということで済ませているが，当時も今も，それぞれの立場に立つ多くの方法論者がいる。特に経済学は，人間の合理的な行動を前提に，理詰めで相当のところまでものが言えるから，現実から遊離しているという批判も多い。合理的に考えればこうなるはずなのに，現実の経済はそうなっていない，というときに，初めて経験にご登場いただくということも多いのだ。

　それに，この世の中の人は皆，経済のなかで生きている。先立つものがなければ，どんな聖人君子でも死んでしまう。だから，自分の心理や判断を分析して，おそらく皆こうだろうということで経済学者が仮説を組み立てることになる。いわゆる内省法というやつだ。データによる検証は，自分の内なるものを思いっきり遠回りで証明しているようなものである。こういった事情から，経済学が経験的な科学なのか，応用論理学や応用数学なのか，他の学問に比べても分かりにくくなっている。だから，現在まで議論は絶えない。

　1794年に生まれて，ケンブリッジ大学トリニティ・カレッジの寮監の職にあったウィリアム・ウィーエルも，科学哲学者として知られた人物の一人であった。演繹法にも帰納法にも偏らず，バランスのとれた判断と温厚な人柄から紳士として有名だった彼は，後に経済学研究の世界的な権威となるケンブリッジの人らしく，経済学に深い関心を持っていた。古典派経済学の集大成をし，結果として，その幕引き役をも務めたジョン・ステュアート・ミルと同時代のウィーエルは，ミルも含めた古典派経済学者たちが言葉と論理で展開した経済学の理屈を，得意の数学で明瞭に表現しなおすという試みを始めた。現代の経済学では，経済問題の内容をはっきりさせるため，数式でもって経済の模型を作って議論をする。それを経済模型という意味でモデルと呼んでいるが，ウィーエルはまさに数理モデル研究の元祖とでも言うべき

人なのである。古典派経済学の扉を開いたリカードの考えについて，数式モデルを初めて作ったのも彼であった。

19世紀末にケンブリッジ大学の経済学教授を務めた大経済学者マーシャルは，新しいパラダイム作りに貢献するだけでなく，イギリスの伝統的な考え方も大事にした人であった。そのとき，古典派経済学を理解するために大いに参考にしたのが，1866年，既に亡くなっていたウィーエルの諸論文だったのである。

2　相互需要と交易条件

上で述べたミル，ウィーエル，マーシャルを1本に繋ぐ理論がある。国際貿易の交易条件に関する相互需要論である。一言で言えば，これは，貿易関係にある国々が相互に相手の品物を欲しがる相互需要によって，品物の国際価格が決定されるという考え方である。最初，ミルがそれまでの古典派経済学者の貿易理論を批判するなかで提起し，ウィーエルが数学的に展開したものをマーシャルが完成した。ことこれに関していえば，信長，秀吉，家康みたいなものだ。

ミルが批判した従来の古典派の貿易理論とはどういうものであったのか。それは，リカードや少し後のトレンズによって展開された比較生産費説である。貿易利益を説明する考え方の枠組み自体は間違いないどころか，第3章で詳しく見るように現代の貿易理論の基礎となっている素晴らしい発見である。しかし，リカードたちの論理だけでは，交易条件，すなわち，2国の間で品物を交換する比率が定まらないという点に，致命的な欠陥があった。

比較生産費説は貿易の利益を次のように説明する。たとえば，ある国ではワイン1本と洋服1着が交換されているとする。これは，その国で両財を作ったときに，生産にかかる費用がちょうど同じだからだ。ところが隣国では，ワイン3本と洋服2着が交換されている。これも，その国ではそれぞれの財の生産にかかる費用が2：3になっているからだ。このとき，「せっかく隣国同士だから，生産したものを交換しましょう」と言って貿易が始まったと

する。前者をA国，後者をB国とすれば，A国が洋服に，B国がワインの生産に専念することで互いに利益があるはずだ。なぜなら，A国ではワイン1本も洋服1着も同じ費用だが，B国ではワイン1本は洋服1着の3分の2の費用で作れるからである。こうして，それぞれが作った品物を相互に少しずつ分け合えば，A国はワインを，B国は洋服を，貿易前よりも安く手に入れられるようになるのである。問題はそのときの交換比率だが，比較生産費説では以前より安いということしか言えない。A国では以前は1：1，B国では3：2だから，この比率の中間になるとしか言いようがないのだ。それが2：1なのか，5：3なのか決めようがないということである。

　ここできちんと定義しておくと，自国の交易条件とは，（自国の輸出品の価格）／（自国の輸入品の価格）のことである。自分の国が自動車を輸出し，小麦を輸入していて，自動車が1台100万円，小麦が1トン80万円ならば，交易条件は5/4または1.25である。交易条件の値が大きくなると，より少ない輸出でたくさんの輸入が可能だから，交易条件が改善したと言い，小さくなると交易条件が悪化したという言い方をする。これは，交易条件が価格の比率である以上，交換できる量の比率の逆数であるから当然のことだ。交易条件の変化は，自国または相手国が品物の価格を改定することによっても起こるが，為替レートが変化することでも起こるということにも注意したい。

　リカードらの比較生産費説では決められなかった交易条件を，ミルやウィーエルはどういう理屈で決めるのか。それは，自動車に対する相手国の要求と小麦に対する自国の要求が折り合うところで決まるというものであり，その名も相互需要説と称されている。まあ，世の中ギブ・アンド・テイク。自分が欲しいと思ったら人にも何かを与えなければならないから，当たり前のことでもある。重要なのは，この当たり前の相互に与え合う関係，そして相互に求め合う関係こそが，経済の基本である交換を形作っているということだ。国際関係も人間関係も同じことだ。ここら辺りから，近代的な取引ルールが国際貿易から始まり，やがて国内の商慣行にまで定着したことも容易に類推できる。

　この相互需要説は，異なった方向から見れば，需要と供給が等しくなると

ころで価格が決まるというよく知られた経済学の常識の別バージョンであることが分かる。なぜなら，ある品物への需要はもう一つの品物の供給を意味しているからである。つまり，今考えている世界では，需要と供給はちょうど背中合わせに同じことを意味している。自動車の輸出は小麦の輸入だし，小麦の輸出は自動車の輸入だからだ。だから，自動車の輸出と小麦の輸出とが折り合うときは，自動車の需要と供給が一致しているし，また，小麦の需要と供給も一致しているのだ。

3 オファー・カーブ

　相互需要から交易条件が決定される仕組みをより詳しく見るために，マーシャルはオファー・カーブと呼ばれる図形を描いた。経済学の図形は，どんな場合も縦軸と横軸に何らかの数値を測った平面上に曲線で描かれる。オファー・カーブでは，横軸，縦軸にそれぞれの品物の輸出量と輸入量を測る。前節の理屈から，ある品物の輸出量と輸入量は必ず等しい。図1では，自動車を輸出している日本と，小麦を輸出しているアメリカのオファー・カーブを，横軸に自動車の取引台数，縦軸に小麦の取引トン数を測った平面上に描いてある。

　どちらが日本のオファー・カーブで，どちらがアメリカのそれかお分かりになるだろうか。オファー・カーブはカーブと言うくらいだから曲線であり，原点を出発した最初は緩やかな傾きから始まって徐々に傾きを増し，やがて反転してもとの方向に戻ってくる。経済学は，このように，曲線の形状や位置にいろいろな経済的意味を含ませ，手を使って図形的に処理することから，頭で考えていては分からない結論を導き出すことを得意としている。結論から言えば，右下方向から左上方向に抜けるオファー・カーブが日本のもの，左上方向から右下方向へ抜けるのがアメリカのものである。

　なぜ，それぞれのオファー・カーブは図1のように描けるのであろうか。それを理解するにはオファー・カーブの示している内容をよくよく考えなければならない。たとえば，日本のオファー・カーブを例に考えてみよう。同

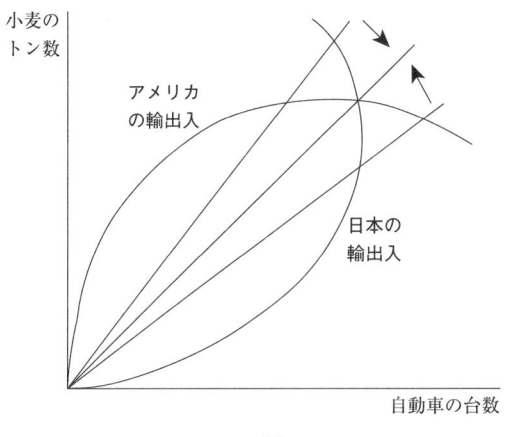

図1

じ議論は，もちろん，アメリカについても対称的に成り立つ。日本は自動車を輸出して小麦を輸入している。日本国民には，これだけの自動車を輸出するからには，見返りとしてこれだけの小麦は是非欲しいという思いがあるはずである。オファー・カーブは，日本国民のそうした思いを結んだ曲線なのである。そう考えれば，原点から始まったときは緩やかな傾きであるのに，徐々に勾配を増していく意味がよく分かるだろう。自動車立国の日本は，輸出が少ない原点に近いところでは自動車がたくさんあって小麦が少ない状況にある。このとき，小麦は自動車に比べて貴重だから自動車1台の見返りに要求する小麦のトン数は少ないであろう。これは図で言えば傾きが緩いということだ。

しかし，日本からの自動車の輸出が増え，その代わりにアメリカからの小麦の輸入が増えると，日本国民が国内で消費する自動車が少なくなって小麦が増えるという事態になってくる。そうすると，先ほどとは逆に，貴重なのは小麦より自動車ということになるから，自動車をさらにもう1台輸出するのに見合う小麦のトン数はかなり多くなければならないことになる。これが原点から遠ざかるほど曲線の傾きが急になる理由だ。

それでは，日本のオファー・カーブが途中から左方向に戻ってくるのはな

ぜだろう。これを考えやすくするには，視点を変えてオファー・カーブ上を下から上の方へとたどってみる必要がある。日本のオファー・カーブを下から上の方へ進むとき，アメリカが提供してくれる小麦のトン数がだんだん増えていくことを意味する。それだけの小麦をもらえるなら，これだけの自動車を提供しますという日本国民の判断はどう変化していくだろう。最初は，当然，見返りとして提供してもいい自動車の台数もどんどん増えていくだろう。しかし，徐々にその増え方は頭打ちになっていく。これは先ほど見たように，日本国民の消費する小麦のトン数が増えて自動車の台数が減るうちに，次第に自動車の方が貴重になる一方，小麦はそうでもなくなっていくからだ。アメリカの提供する小麦の量がさらに増えていくと，ついには，小麦をこれだけ得られるなら，もうこれ以上自動車を提供する必要はない，と日本国民が考えるところまで行ってしまう。豊富な小麦に比べて，自動車があまりに貴重な品物になってしまうからだ。こうして，日本国民はオファー・カーブのある高さから，自動車の輸出を減らすようになり，曲線は左に旋回を始める。

　こうして豊かさが輸出を減らすことは，アメリカ国民も一緒だから，2国のオファー・カーブはお互いの方向に向かって反るような形になる。これは取りも直さず，2本の曲線が必ず交わるということだ。この交点では，両国のお互いの財に対する需要が折り合っていて，輸出と輸入のバランスがとれている。交点の横軸の目盛りが，自動車の輸出台数イコール輸入台数を，縦軸の目盛りが小麦の輸出トン数イコール輸入トン数だ。2本の曲線の交点でバランスを示すのは経済学の常套手段であり，こうしたバランスのことを経済学では均衡と呼ぶ。

　今の考察から，原点から交点まで引かれた直線の傾きは，日本が1台の自動車を提供したときに何トンの小麦を入手できるかの割合を表わしていることが分かる。これは，小麦の価格に対する自動車の価格の逆数に等しいから，日本の交易条件に他ならない。全く同じように考えると，その傾きはアメリカの交易条件の逆数である。だから，この交易条件の直線が，原点を軸に左に回転すれば，日本の交易条件は改善しアメリカの交易条件が悪化している

ことになるし，右に回転すれば，アメリカの交易条件が改善し日本の交易条件が悪化していることになる。

均衡の交易条件よりも，左の方に直線がある場合を考えてみよう。図1から，そのときの日本とアメリカ，それぞれの対応を考えると，交易条件のよい日本は，自動車の輸出台数を減らし，小麦の輸入トン数を増やそうとすることが分かる。他方でアメリカは，自動車の輸入台数も小麦の輸出トン数もともに減らす。しかも，アメリカの自動車輸入の減らし方は日本の自動車輸出の減らし方より必ず大きいことが図から分かるので，国際市場で小麦が不足し自動車が余ってしまう。このアンバランス，すなわち不均衡は，小麦の国際価格を上昇させて自動車の国際価格を下落させるから，日本の交易条件は悪化して均衡へと戻っていく。同じことは，直線が右の方にある場合にも，対称的なかたちで示すことができるから，試みてもらいたい。

4 弾力性

交易条件が変化したときにどのくらい輸入量が変化するかを知りたいのならば，これまでの経験から，その割合を数値で推し測っておくに越したことはあるまい。この数値の候補はいろいろ考えられる。もっとも単純と思われるのは，交易条件が1だけ変化したときに，小麦の輸入が何トン変化するかを知っておく方法である。たとえば，それが50万トンであれば，交易条件に対する小麦輸入の変化率は50万トンということになる。しかし，これでは，日本の変化率とアメリカの変化率とを比較することはできない。50万トンと2万台を比較しても意味がなく，交易条件の変化に対してどちらの国の輸入が敏感に反応するかなどの考察ができないのである。同じことは，日本が複数の品物を輸入していて，それらの財相互の間で反応度がどう違うかを比較する場合にも言える。数値に品物の量を表わす特有の単位が残るのでは，比較が意味を持たないのである。

このため，反応の度合を表わすときに経済学でよく使われるのが，弾力性（エラスティシティ）と呼ばれる指標である。上の例では，交易条件の1％

の変化に対して，輸入が何％変化するかの比率として表わされる。たとえば，交易条件の悪化が元の交易条件の10％で，そのときに小麦の輸入が50万トン減ったとする。変化前の小麦の輸入量が2000万トンであったとすれば，50万トンの減少は全体の2.5％だから，弾力性は0.25になる。パーセントをパーセントで割っているから，弾力性は単位を持たず，そのことによってどんな国とも，どんな品物とも比較できる数値となっている。[3] また，弾力性では増えたか減ったか，上がったか下がったかを区別せず，変化の度合だけを見るから，プラスやマイナスの記号を区別する必要もない。

それでは，この0.25という数字はどう評価されるのだろう。弾力性は1を基準にしている。これはあとで見るように，弾力性1が変化の性質を左右する分かれ目となっているからだ。そして，1より大きいとき弾力的であると言い，1より小さいときは非弾力的であると言う[4]。だから，弾力性0.25はかなり非弾力的ということになる。これでなぜ弾力性という耳慣れない用語が使われているかも分かるはずだ。「状況に応じた弾力的な運用」などという言い方で，臨機応変，柔軟に対応するとき，日常語でも「弾力的」という言葉を使うではないか。

今，アメリカの自動車輸入台数が100万台であるとする。自動車の国内価格は1台1万ドルである。ところが，ある年，大幅な円高が進んで，自動車の国内価格が1万2000ドルになった。20％の値上りである。このため，アメリカ国民の自動車への需要が落ち込み，輸入は90万台になった。10％の

---

[3] 弾力性は，ある国の国内市場で，特定の品物の需要量がその価格の変化とともにどのように変化するかを表わすときにもよく使われる。たとえば，自動車の需要量の変化を日本と韓国で比較しようと思ったとき，通貨単位が違い数字が1桁違うならば，変化率で比較すると馬鹿げたことになってしまうからだ。ちなみに，価格の1％の変化に対して需要量が何％だけ変化するかを「需要の価格弾力性」と呼んでいる。

[4] 需要の価格弾力性では，とりわけこの1が大切である。なぜなら，それが1のとき，お店の売上は価格を訂正しても変わらないからである。しかし，弾力性が1より小さければ，お店は値上げすることで売上を増やすことができる。値上げしてもお客があまり逃げないからだ。逆に1より大きいときは，値下げすることで大幅にお客を呼び込めるから売上を増やすには値下げした方がよい。

減少である。ということは，すぐにお分かりのように，アメリカ国民の自動車輸入の価格弾力性は，10％÷20％で0.5になる。アメリカのような車社会では多少の値上りでも自動車を購入せざるを得ないから，このように非弾力的になるとでも解釈できようか。[5] もちろん，この輸入台数は，為替レートの変動とは別に，その年のアメリカの景気がよかったかどうかにも依存するだろう。景気がよくて国民の所得が増えたら，値段の変化がないという仮定の下で，自動車の輸入台数は増加するはずだ。所得が1％増えたときに輸入が何％増えるかも，もちろん計算できるから，これを「輸入の所得弾力性」と呼んで分析の対象とすることだってできる。

5　Jカーブ効果

　アメリカの自動車輸入額は，最初の1万ドル×100万台の100億ドルから，1.2万ドル×90万台の108億ドルへと増大している。これはよく考えてみるとおかしなことだ。なぜなら，自動車の輸入台数は減少したのに，合計輸入金額が増えているからである。これは，実は需要の価格弾力性が1より小さいときには必ず起きることで，輸入台数の減少が価格の上昇で補われて余りあるために，全体の売上額が増えているのである。この増加は，輸出国である日本から見ればまさに売上の増加である。普通，円高は輸出量を減らすからよくないと言われているが，輸出額は増えることもよくあるのである。他の条件が同じならば，この減少は円高の下での貿易黒字の増大を意味するから，日米貿易摩擦の時代にはJカーブ効果と名付けられて問題にされた。日本の問題だからJリーグと同じでJと言いたいところだが，実は違う。貿易

---

[5] もちろん，円高により，日本の自動車メーカーの販売価格はドルで見て上がるから，じゃあ輸出を増やそうか，などの判断をすることもあるかもしれない。一般に，価格の変化に対する供給の変化は「供給の価格弾力性」と呼ばれて，農産物など生産調整の効きにくい品物で考察されることもある。しかし，工業製品の場合，やはり最大の関心事は売れ行きであるから，供給の価格弾力性は企業にとっても需要の価格弾力性ほど意味を持たないと言える。「輸出の価格弾力性」についても同じことだ。

黒字を縦軸に測り，為替レートを横軸にとったグラフをイメージしたとき，円高が進む過程で最初はかえって黒字が増大し，やがて減少に転ずる様子が，アルファベットのJをひっくり返した形になるのでこう呼ばれているのだ。黒字が増大し続けないのは，最初は非弾力的だったアメリカの輸入が，円高の進行とともに徐々に弾力的に減少に向かうからである。

では，貿易黒字の増大は日本にとって本当に利益になっているのだろうか。ここでは，貿易黒字の原因を日本経済全体との関係で考えたり，それが日本の景気に及ぼす影響や黒字の使い道を考察しようと言うのではない。それは，本書の後々の章でも見るようにマクロ経済学の仕事である。ここで扱っている分析は，国際貿易についての弾力性アプローチと呼ばれる技術的な診断に過ぎない。だから，考えたいのは，先ほどドルで見た貿易黒字の増大を円で見るとどうなっているかということである。アメリカ国内での自動車価格の上昇は，円高という為替レートの変動によって生じたものだった。したがって，日本車1台の売上は現地では20％増えているが，それを日本に持ち帰って円に換金すると，その20％が全く消えて元の木阿弥になってしまう。つまり，貿易黒字を円で見れば，Jカーブ効果も全く生じないのである。

この例を，交易条件と輸入弾力性の関係として見ると，20％の円高は日本の交易条件が20％改善したことを意味する。これがアメリカの自動車輸入を10％減らしたのだった。当然，この背後では日本の小麦輸出が，たとえば20％増えていることだろう。最初，アメリカの自動車輸入が1台1万ドルの100万台で小麦の輸出とバランスしていたとすれば，1トン5000ドルとして，日本はアメリカから200万トンの小麦を輸入していたはずである。これが20％増加するから，アメリカは自動車の輸入額が8億ドル増加する一方で，小麦の輸出額は5000ドル×40万トンで20億ドル増加するだろう。アメリカの12億ドルの貿易黒字は円からドルへの換金，すなわち円売りとドル買いを促進するから，為替レートは円安の方向へと動き，交易条件の20％の変化は元の水準へと是正されていく。

しかし，日本の小麦輸入の増加が5％にとどまるなら，アメリカの小麦の輸出額は，5000ドル×10万トンで5億ドルの増加にとどまる。この場合，

アメリカには3億ドルの貿易赤字が発生し，円買いとドル売りが促進されて一層の円高に繋がる。つまり，前のケースでは円高がもたらす不均衡が為替レートの改正に繋がっているのに，後者のケースでは円高が円高を呼んで不均衡が拡大していくのである。両国の輸入の価格弾力性を計算してみると，どちらのケースでも同じアメリカの自動車輸入は0.5だが，日本の小麦輸入は均衡が安定な前者では1，不安定な後者では0.25になっている。2国の弾力性の和は，前者では1.5と1より大きく，後者では0.75と1より小さい。貿易の不均衡を縮小するように交易条件が変化するのは，輸入の価格弾力性の和が1より大きいときである，という条件を，マーシャル＝ラーナーの安定条件と呼んでいる。ラーナーは戦後活躍したアメリカの経済学者で，大経済学者ケインズの考えを受け継ぐケインジアンにして社会主義者という変り種だ。

　オファー・カーブに戻って，2本のカーブの交点で両国の弾力性を測り，それらの和が1を超えていれば，その均衡は安定であり，1を下回っていれば，間違いなく不安定である。ただし，図形があるのであれば，その形状から安定か不安定かを判断することもできる。図1でオファー・カーブが囲む図形は木の葉っぱのように見えるが，このとき，交点ではマーシャル＝ラーナーの安定条件が成り立っている。しかし，両国のオファー・カーブがともにもと来た方向に戻り始めたところで2本が交われば，曲線に囲まれる形はハートマークのようになる。この場合，交点ではマーシャル＝ラーナーの安定条件は成り立たない。両国の貿易関係が，葉っぱ型なら安定だが，皮肉にも，ハート型のときは不安定になるのである。

第2章 ■クールノーと寡占理論
Cournot, Antoine Augustin, 1801–1877

人を呪わば穴二つ

Recherches sur les principes mathe'atiques de la the'orie des richesses
(『富の理論の数学的原理についての研究』1838年)

1 早すぎた登場

　経済学で価格の理論を支えている考え方は一般均衡理論と呼ばれるものである。これは19世紀の70年代初め，フランスに生まれてスイスのローザンヌ大学の教授になったレオン・ワルラスによって提起された。一般均衡理論が一般的である所以は，個別の市場ではなく全ての市場を一気に問題にする点にある。ワルラスが一般均衡理論を提起したとき，まだこの考えの支持者は比較的少数であった。と言うより，ワルラスは問題を提起したにとどまり，理論の数学的な洗練はローザンヌ大学の後継者パレートに委ねられた。そして，その後，オーストリアからアメリカに渡ったシュンペーターが，20代のときに著わした短い書物のなかで一般均衡理論の考え方を比較的分かりやすい言葉で広く宣伝した。

　普通，数理的な経済学の元祖と目されているワルラスだが，彼はむしろ数学を苦手としていた。フランスの工科大学の最高峰，エコール・ド・ポリテクニークの試験を何度も数学で失敗しているくらいである。本命をあきらめて入学した鉱山学校時代には，未亡人と同棲生活を営む傍ら小説の習作を執筆しているくらいだから，ワルラスは理系と言うより文学にあこがれるロマンチストだったのかもしれない。しかし，数理経済学者としてのワルラスは，

そのコンプレックスの裏返しであろうか，経済の全ての市場で均衡が成り立つ条件を市場と同じ数の方程式で表現した。市場のバランス，すなわち均衡とはよく知られているように需要と供給がイコールで結ばれることだから，市場の数と同じだけ需要イコール供給の方程式が成り立つはずである。この方程式の未知数はやはり市場と同じ数だけの商品の価格である。この連立方程式を解くことによって求められる価格の組合せこそが一般均衡解なのである[1]。しかも，これらの方程式のどの1本1本にもすべての商品の価格が現われる。これが一般均衡理論の一般均衡理論たる所以であり，自動車の価格の上昇は自動車の需要だけでなくガソリンの需要，さらには回り回ってバゲットの需要などあらゆる商品の需要に何がしかの影響を与えるのである。

こうしてワルラスは一般均衡理論という考え方を提起したが，彼自身はこの理論あるいはモデルを具体的に操作して研究や分析を行なう数学的な能力を持たなかった。ワルラスの考え方をもっと簡単な線形の連立方程式に表わし，一般均衡理論の普及に貢献したのはスウェーデンのカッセルだった。また，その線形の方程式体系を用いて一般均衡解が存在することを初めて数学的に証明したのは，ゲーム理論の創始者であるフォン・ノイマンだった。さ

---

1) たとえば100個の商品があるとしよう。100の市場のうち，今現在，99の市場で需要と供給が一致しているとしよう。すると残り一つの市場でも必ず需要と供給が一致しているはずである。なぜなら，この経済のなかで取引している人は，どこかの市場で何かを買おうとすれば別などこかの市場で品物を売らなければならない。ということは，ある市場で超過需要があれば別の市場で超過供給がなければおかしい。99の市場のどこにも超過需要，超過供給ともになければ，最後の市場でもアンバランスでありようがないのである。一般均衡理論でものを考えるときに成り立つこの考え方をワルラス法則と呼んでいる。

だが，これは100本の方程式のうち1本は他の99本があれば必要ないということである。言い換えれば独立な方程式は市場の数に必ず1本足りない。これでは市場の数だけある価格を全て決定することができない。そうなのである。経済で決定できるのはどの商品かを価格を測る物差し（ニュメレール）とした相対価格だけである。

さらに，上述のようにどこかの市場で超過供給があるときは別の市場で必ず超過需要があるなら，どこの市場でも品物が売れなくなる一般的な過剰生産は起こり得ないはずである。このように読み換えられた場合のワルラス法則を，通常セイの法則と呼んでいる。ちなみにセイもワルラスより半世紀ほど前に活躍したフランスの経済学者である。

らにノイマンの業績を受け継ぎ，抽象的な位相数学を用いて一般的な存在証明を行なったのはアローを中心に多くの経済学者が成し遂げた1950年代後半の業績だったのである。

　このように考えると，ワルラスが数理経済学の創設者だという印象は揺らいでくる。一般均衡理論は現代経済学のいちばん基礎にある枠組みではあるが，それ自体は数学的な操作性に乏しく，実際的な分析用具というよりは本来，発想法とでも位置付けられるものである。実はこのことはワルラスと同時代，あるいは場合によって，それ以前の経済学者によっても認識されていたことだった。たとえば，ワルラスよりはるかに数学の操作に習熟していたフランスの数学者クールノーもそう考えていた。

　クールノーは1801年という19世紀の始まりの年にフランスのグレという町に生まれた。彼は若いころから数学の研究を志して研究活動をしていたので数学者の知り合いも多かった。統計学の確率分布にその名を残すポワッソンも友人の一人である。このポワッソンの推薦もあり，クールノーは1833年，リヨン大学の教授に就任する。したがって，クールノーは経済学者というよりもともとは専門の数学者なのである。しかし，彼はこの数学を用いて経済現象を分析することに強い興味を持った。経済学の古典時代にも，リカードなどたいへんに鋭い数学的な直感を駆使して経済を分析した研究者はいた。しかし，数学そのものを分析に役立てる試みは経済学の発祥地イギリスではあまり見られず，クールノーの時代のフランスでの業績を嚆矢とする。いち早く産業革命を成し遂げ大陸ヨーロッパに比べて現実の経済で先駆けていたイギリスでは，言葉による具体的で経験的な分析が好まれたのであろうか。これに比べて経済の後進国では思考が抽象的な方向に走る傾向があるようである。フランスではそれが数学として現われた。他方，ドイツでは観念論的な哲学がそれに該当するだろう。

　さて，このクールノーが自らの経済学研究の成果を1838年に発表する。書名を『富の理論の数学原理に関する研究』という極めて独創的な著作であった。だが，この著作，同じく「富」を冠した著作であったが，半世紀前にイギリスで出版されたアダム・スミスの『諸国民の富の本質と原因に関する

『研究』ほどの成功を収めたとは言い難い。要は一般の読者が読むには難しすぎたのが理由だろう。商業的に成功しなかったと言えば、ワルラスの著作も最初そうであったからどっちもどっちであるが。
　クールノーの著作は確かに一般均衡理論の枠組みで議論を行なっていない。基本的にはどこか一つの市場での供給者同士の競争がどのような結果をもたらすかを分析することに終始している[2]。しかし、その枠組みのなかでは極めて体系的な理論が導出されていく。競争者の数が徐々に増えていくのである。最初、クールノーは供給者が1社だけで競争相手が全くいない独占をとりあげる。独占の場合、企業は需要の制約のなかで自分の利益を最大にするように生産量を控えめに設定する。そうすれば価格が安くなりすぎず、豊作貧乏の状況に陥らずに済むのである。実は、このとき企業が生産量を決める条件は、製品の生産量を1個増やしたときの売上増加が、その生産がもたらす費用の増加と等しくなることである。前者を限界収入、後者を限界費用と呼んでいる。限界収入が限界費用を上回っている限り、企業の利益は増えるから当然の結果であろう。
　この限界収入イコール限界費用という利潤最大化の条件は、競争相手が増えていっても常に成り立つ一般的な関係である。続いてクールノーが問題にするのは供給者が2社のケースだが、独占の場合と違ってここでは価格の下がり方は自社の生産量だけでなく他社のそれにも依存する。両者の生産量を合わせたものが一定の規模しかない需要を満たすのだからである。もし、ここで自社が独占と同じようにできるだけ控えめな生産にとどめたら、何が起きるだろう。相手企業は喜んで生産量を増やし、自社のシェアを奪うことで大きな利益を手にするはずである。自社が生産を手控えてくれた分だけ、価格の低下を遅らせながら売上を増やせるからだ。そうと知ってはこちらも黙っていられない。相手の出方を見ながら生産量をギリギリまで増やす行動に出るのである。こうして、独占の場合に比べれば両社を合わせた生産量は増

---

[2] 19世紀末に活躍したイギリスの経済学者マーシャルは、一般均衡理論の必要性をよく理解しながら、より有意味な分析を行なうために他の市場の条件を一定と仮定して一つの市場に関心を集中する方法を提起した。これを部分均衡理論と呼んでいる。

える。消費者にとっては独占より複占の方にメリットがあるのである。

　供給者が3社，4社と増えていっても基本的な条件は変わらない。各社ともに最初と同じく限界収入イコール限界費用となるように生産量を決めようとするが，その問題を解決するために他の競争相手の生産量を知る必要がある。自分が犠牲になろうというお人よしの会社は存在しないとお互いよく知っているから，みな同じように儲けて少なくとも自分だけ損することのない生産量を選ぶのである。だが，こうして企業数が増えていけばいくほどどうしてもトータルの生産量は増えていく。この結果，価格はどんどん下がっていく。消費者にとっては好ましい事態でも企業にとっては競争が激しくなることを意味している。競争が激しくなると価格を引き下げざるを得ないとは，このことを指しているのだ。

　この著作を発表した後，行政的な手腕にも長けていたクールノーはフランスの教育行政に従事する多忙な日々を送るようになる。社会的な地位が上がり多忙になることは学者にとって研究の時間を失うことを意味する。クールノーが就任したのは今の日本で言えば文部科学省の高等教育局長のようなポストであり，彼は学者として実り多い時期をフランスの大学制度の近代化に尽力して過ごすことになったのである。今も昔も，学者の出世は痛し痒しである。

　クールノーの晩年には前述のワルラスの仕事も現われ，ヨーロッパ中で限界革命[3]の名で呼ばれる経済学の最初の数学ブームが巻き起こった。新しい世代の経済学者の仕事がもてはやされ始めるなか，クールノーは自分の先の著作を一般読者にも分かりやすいかたちで書き直そうとする。しかし，残念なことに彼に多くの時間は残されていなかったのである。

---

3)　経済学ではある数値の微分値のことを，その数値名に「限界」の接頭辞をつけて表わす。本文中の限界収入や限界費用もその一例である。したがって，限界革命は経済学史上，1870年代に微分や積分などの解析学的手法が盛んに導入されたことを指している。

2 寡占理論の先駆者たち

　クールノーの理論で競争相手の数が増えていった場合，価格はどこまで下がるのであろうか。それは限界費用の値までである。前節で見た限界収入イコール限界費用の条件で各企業が生産量を決めているとき，この製品の価格はいつも限界費用，すなわち限界収入より高い。なぜなら，企業の数が20社，30社と増えていっても，供給者たちはその厳しい競争の範囲内で何とか生産量を控えめにして値崩れを防ぐことで，利益をいくらでも高めようと行動しているからである。だが，企業数の増加はこの差を徐々に縮めていき，企業数がかなり増えるとちょうど価格が限界費用と一致するのである。この条件，すなわち価格イコール限界費用という条件は企業の数が無限大の完全競争で成立するものに等しい。つまり，クールノーは19世紀前半という極めて早い時期に，企業数をパラメータとして独占から完全競争までを統一的に説明してみせたことになる。

　だが，価格が限界費用まで下がってくる間，常に価格は限界費用を上回っている。だとすれば，この差がプラスである限りどの企業も価格を少しばかり下げても特別な利潤を失うことはない。それどころか，価格を他社よりも少し下げることでより多くの顧客を獲得してシェアを広げることができるはずだ。つまり，各企業がこのことに気付けば，価格の引き下げ競争，値引き競争が起きるに違いない。

　まさに同じ推論でクールノーの理論を批判したのは，クールノーと同じフランス，クールノーと同じ数学者のベルトランだった。1822年にパリに生まれコレージュ・ド・フランスの教授を務めていたベルトランは1883年，クールノー没後に彼の著作を再発見し，上記のような内容の批判的な書評を書いた。彼は1900年，19世紀最後の年に亡くなっているから，晩年に数理的な経済学に関心を注いだと言えよう。

　寡占理論の歴史は，重なり合うことを避けるかのように断絶しながら続いていく。ベルトランと同じ空気を吸うことなくモスクワ郊外のクディノボに

1905年に生まれたハインリヒ・フォン・シュタッケルベルクは1934年，著作『市場形態と均衡』（*Marketform und Gleichgewicht*）を発表し，クールノーやベルトランの業績を整理した上で独自の市場分析を行なった。彼はナチス政権下のドイツでも，市場の競争をどのように規制して国家の発展に寄与させるかについて数多くの提言を行なうことになる。このことが戦争協力と受け止められ，ドイツにいられなくなったシュタッケルベルクはスペインに移る。そして，失意のうちにマドリードで1946年に客死した。

　寡占理論のシュタッケルベルクが活躍したのは，同じく寡占的状況を別なかたちで分析したイギリスのロビンソン，アメリカのチェンバレンと同時代のことである。2人はそれぞれ独立に不完全競争理論，あるいは独占的競争理論と呼ばれる考え方を生み出し，これが寡占市場分析の中心的な道具として認知されていった。英語圏が経済学研究の中心であり続けたためであろうか。しかし，理由はそればかりでもなさそうである。実は不完全競争理論の方が一般均衡理論の枠組みに合致しやすいのである。一般均衡理論では消費者も生産者も価格を与えられたものとして受け止める。完全競争では全くそうなっている。不完全競争では寡占理論と同じように生産量が変われば価格も変わるが，自社に割り当てられた需要は一定であり与えられたものである。したがって，自分の生産量を決めるときに競争相手の生産量を知る必要がない。

　これに対して，すでに見たように，クールノー，ベルトラン，シュタッケルベルクの寡占理論では相手の出方を直接見ることなしに自分の出方を決めることができない。喩えて言うなら，前者が価格という信号のある交差点で信号だけを頼りに進むか止まるかを決めているとすれば，後者は信号のない住宅地の交差点で直交する車のドライバーと顔を見合わせながらどちらが進むかを決めているのである。実は，市場参加者が無数という都合のいい仮定をはずしたときに何が起きるかの分析が，より一般的に行なわれるようになったのは，20世紀の半ばにゲーム理論が登場して以降のことである。ゲーム理論では抽象的なゲームを行なうプレイヤーを考え，各プレイヤーが自分の利得をできるだけ大きくするように戦略を決めて行動するあり様を分析す

る。これを数学的に完璧なかたちで忽然と発表したのはフォン・ノイマンとモルゲンシュテルンだが、彼らは人々がどのように利益を分配し合うか、費用を負担し合うかを扱う協力ゲームを主に考えた。これに対し、競争者同士の関係を扱う非協力ゲームをゲーム理論の中心に据えたのは、総合失調症と戦いながら学者を続け、ノーベル経済学賞まで受賞したジョン・ナッシュであり、その業績が出たのは50年代前半のことである。[4] ゲーム理論が経済学者の必須の道具になるのはさらに遅れて70年代以降だから、まさに3人の業績は早過ぎたのである。

3　数量競争と価格競争

　寡占理論の考え方をより視覚的に図で確認してみよう。図2に描かれた直線は反応曲線と呼ばれるものである。経済学では実際には直線で描いてあっても一般に曲線と呼ぶことが多い。税率ゼロでも課税は課税であるように、曲がっていなくてもそれは曲がり方がゼロの曲線なのである。図の平面は横軸に企業1の生産量を、縦軸に企業2の生産量を測っている。お互いに相手から見れば自分が競争相手であるから、両者の関係はほぼ対称的になるはずだ。相手が生産量を減らしてくれれば自分は生産量を増やしてもっと儲ける余地が出るから、どちらの反応曲線も右下がりになる。対称的だからどちらを横軸にしてもいいが、相手の生産量を横軸にしたとき、自分の反応曲線は必ず相手のよりも緩い傾きになる。その理由はこうである。相手が大幅に生産量を増やしてきたとき、自分は反対に生産量を大きく減らして価格を維持すべきだろうか。それでは相手の思うつぼである。自分が生産量を減らさない限り価格が大きく下がって自分も損失を受けるから生産量を減らすのだが、あまり減らすと相手にシェアを奪われて大きく利益が減るから相手が増やした生産量ほどには生産量を減らさない方が得である。たとえば、相手が生産

---

[4]　クールノーが考えた市場のバランスは、ナッシュの定義したゲームの解の応用例とみなすことができる。このため、これをクールノー＝ナッシュ均衡の名で呼んでいる。

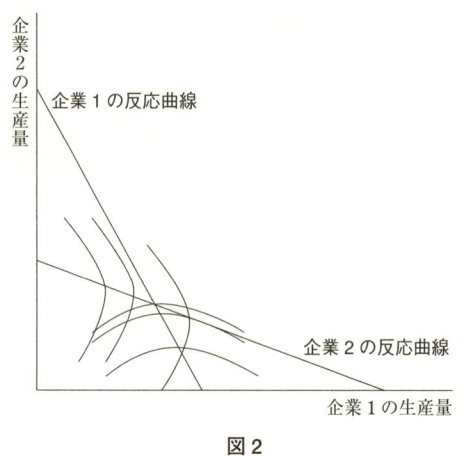

図2

量を10増やしたとき自分の生産量は5しか減らさないというようなかたちになる。

　こうして両社の反応曲線は必ず交点を持つことになるが、この点こそクールノー均衡と呼ばれる市場のバランスである。お互いに相手の行動を予測して自分の行動を決めるため、2社は一気にこの点の生産量をそれぞれ選び取ることになる。ここまでの説明では、すでにお分かりのように企業の目はどれだけの生産量を選ぶかだけに集中している。クールノーの考え方を数量競争と呼ぶのはそのためである。

　それではベルトランの競争は図ではどう表わされるのであろうか。図2の直線の交点で各社の生産量が決まれば総生産量が決まり、需要との関係で価格が決まる。ベルトランは、その価格は必ず両者の限界費用よりも大きいはずだから、気付いた方の企業は自社の製品価格をわずかに下げ、もっと顧客を引き付けようとするはずだと考える。お互いに価格を下げ合う競争がここから始まるわけだから、ベルトラン型の考え方を価格競争と呼んでいる。

　価格を引き下げれば顧客が殺到し、自社の生産量は増える。しかし、すぐに相手も価格を対抗的に引き下げるから、もっと価格が下がるし相手の生産量も増えていく。つまり、価格競争の場合、相手の生産量が前と同じでもあ

らゆる点で自社の生産量が増えることになる。このことを**図2**上で説明するなら，反応曲線が2本とも外側に向かって移動するということだ。ただし，自分の生産量がゼロであれば価格競争の仕掛けようがないから，自分の反応曲線が相手の生産量の軸と交わる点は移動しない。つまり，2本の反応曲線はそれらが相手の生産量の軸と交わる点を軸心として外側に回転する。この結果，図から明らかなように生産量はともに増えて総生産量も増え，製品の価格は下がる。供給者サイドから見て価格競争にいいことはなく，それが熾烈化すれば共倒れになる危険も高まるのである。

4　先導者と追随者

価格競争に入った供給者が共倒れになっていくのは，競争の激化が利潤を減らしていくからである。このことを見るために**図2**には等利潤曲線と呼ばれる曲線を描き加えてある。それぞれの企業の反応曲線に沿って無数に引かれるものだから，曲線群と言った方がいいかもしれない。

反応曲線というのは定義からして，相手の生産量が与えられたときに自分の生産量をどう決めれば利潤が最大になるかを結んだ直線である。それは利潤の大きさという観点からはちょうど山の尾根道のようになっており，そこから左右，上下にずれれば必ず利潤が減少してしまうのである。自分が企業2であれば，自分の反応曲線上を左に行けば行くほど，つまり企業1の生産量が小さくなればなるほど，利潤が大きいことはすぐに分かる。したがって等利潤曲線も右にあるものほど大きい利潤を指し示している。それでは反応曲線上のある点から真っ直ぐ上下にずれたらどうだろう。これは最適な反応よりも自社の生産量が大きすぎたり小さすぎたりということを意味するから，もはや反応曲線上と同じ利潤は保てない。以前と同じ利潤を保つためには反応曲線の上下とも，競争相手の生産量がより少ない左に位置を取らなければならないのである。この理由で，企業2の等利潤曲線はみな反応曲線を境に左にカーブする。企業1の等利潤曲線が下方向にカーブしているのも同じ理由である。

さて、クールノー均衡に対してシュタッケルベルク均衡と呼ばれるのは図2のどの状態なのだろうか。シュタッケルベルクは、クールノーが競争相手の行動が対称的なケースを問題にしたのに対して、それが非対称になっている場合を考察した。たとえば、企業2は企業1が先に生産量を決めればそれに素直に従い、自分は残りの需要で我慢する。こうした企業2を追随者（フォロワー）と呼ぶ。企業1は、企業2が追随者であることを前提に自分の利潤を最大にするような生産量を決める。こうした企業1を先導者（リーダー）と呼ぶ。実際の市場でも、最大のシェアを持つ企業が価格を改定すると残りの企業もすぐにそれに追随する現象が見られ、これをプライス・リーダーシップと呼んでいる。シュタッケルベルクが問題にしたのはこのような事態だと考えていいだろう。

この場合、どう考えても先導者が有利である。図2で言えば、先導者である企業1はこの有利さを生かして、企業2の反応曲線上で自社の利潤が最大になる点を選ぶだろう。これは、企業1の等利潤曲線の1本が企業2の反応曲線と接する点である。この点は明らかにクールノー均衡の点よりも右下にあり、クールノー均衡に比べて企業1の生産量は増え、企業2のそれは減る。また、その際、企業2の反応曲線の傾きは-1より緩いから、企業2の生産量の減り方は企業1の生産量の増え方より少ない。そのため、産業全体の総生産量は少し増えて、その分、価格は少し下がる。

そもそも、いくつかの産業でプライス・リーダーシップが見られるのは、リーダーに先駆けて価格を下げると価格競争を仕掛けていると見なされ、報復を受けるのを恐れてのことだろう。一般にリーダーの方がフォロワーよりも企業規模が大きいと思われるので、資金的に余裕があり長く価格競争に耐えられる。リーダーはフォロワーが市場から消えたあとに価格を上げて損失を取り戻すこともできるのである。こう考えると、シュタッケルベルク均衡は1社が受動的な行動をするのに対して、1社が価格競争を仕掛けることも辞さない能動的な行動をしているケースと考えることができる。だとすれば、クールノー均衡とは2社がともに受動的なケースであり、ベルトラン均衡は2社がともに能動的なケースだと解釈できることになる。

第2章 人を呪わば穴二つ　　27

　最後に，クールノー均衡の定まり方を計算で確認しておくことにしよう。たとえば，この産業の製品価格と需要量との関係，つまり，需要曲線が次のような式で表わされるとする。

$$（製品価格）=12-（需要量）$$

　需要量が増えたら価格は上がるはずなのにおかしいではないか，とお考えの方は需要量を供給量と読み換えていただきたい。市場では需要量イコール供給量なのでどちらでもよいのである。この需要量は産業全体の販売量だから，企業1の販売量と企業2のそれとを合計したものである。それでは，次の手順だが，本章で見たように限界収入イコール限界費用の条件を両社について考えることである。限界費用は需要の要因と関係がないので，ここで常に3としておこう。製品の生産量を1個増やすごとに費用はいつも3ずつ増えるのである。限界収入の方は，上の式の右辺を変化させた次のような値をとることが知られている。

$$12-2×（自社の販売量）-（他社の販売量）$$

　自分に操作可能な自社の販売量が大きいと，1個増産するとき売上の伸びが直接的に大きく減る。他社の販売量の増加も製品価格を引き下げることで限界収入を減らすが，その影響は間接的である。ちなみに，どんな数値例でも他社の販売量の係数は元の需要曲線のままで，自社の販売量の係数は元の2倍となる。これを3とイコールで結べば，各社の生産量決定の最適条件が求められる。

$$2×（自社の販売量）+（他社の販売量）=9$$

　この式を，横軸に他社の生産量を，縦軸に自社の生産量を測った平面に描き込めば，縦軸の4.5からスタートして傾きが2分の1の直線になる。もう

お分かりのように，これが図2の反応曲線である。対称的な2本の反応曲線の交点を求めると，2社の生産量がともに3ずつになることが分かる。ちなみに，シュタッケルベルク均衡を求める場合は，企業2の反応曲線を需要曲線の式に代入することで，製品価格を企業1の生産量だけの式で表わした上で，企業1の限界収入イコール限界費用の式を解くという，少し回りくどいことになる。

第3章 ■オーリンと国際貿易論
Ohlin, Bertil Gotthard, 1899-1979

渡る世間に鬼はなし

Theory of Trade(『貿易の理論』1924 年)

1 北欧の伝統

　スウェーデンは日本人になじみが薄い国かもしれないが，経済学の世界では古い伝統を持つ土地柄である。この伝統は19世紀に活躍したクヌート・ヴィクセルに始まるもので経済学の歴史上ストックホルム学派と呼ばれている。ここでその学問的伝統を詳しく語る暇はないが，この学派の特徴として景気循環と国際貿易の研究ということがある。景気循環の方は，ストックホルム学派がいちばん輝いていた20世紀初頭に全世界の経済学者の研究テーマであったという事情に由来すると思われる。では，国際貿易の方はというとこれがよく分からない。私は何となくスウェーデンの歴史に関係があるように思うがいかがなものだろうか。

　スウェーデンはスカンジナビア半島に位置する王国であり，現在も豊富な鉄鉱石資源でもって世界的に名を知られる。この資源を生かした高級刃物はスウェーデンの輸出品としてよく知られている。この国の手堅いもの作りの伝統は機械生産にも生かされ，ボルボという国際的な自動車メーカーもこの国が擁している。歴史的にスカンジナビア半島を取り巻く海は海洋交易の盛んな地域だった。ハンザ同盟が作られて中世後期に繁栄を極めたのは北ドイツの諸都市だが，これらの船団が行き来していたのが北欧の海であった。

スウェーデンも北方は港湾が凍結して冬期には閉鎖されてしまう。その分，貿易を通した夏期間限定の他国との交流はスウェーデン経済にとって死活的に重要であった。隣国であるノルウェーが氷河によって削られた貧しい土壌と冬の厳しい気候ゆえに古代からバイキングとして海洋に漕ぎ出していったのと同じ理由で，スウェーデン国民の意識のなかで国際貿易の持つ意味は予想以上に大きいのではないかと思われるのである。

現在も長期的な為替レートの動向を決める定説とされる購買力平価説[1]は，ヴィクセルと同時代にやはりスウェーデンで活躍した経済学者カッセルが提起したと言われている。また，何よりも経済学で国際貿易を扱う場合の基本的な枠組みを準備した3人のうち2人がスウェーデンの経済学者であったのだ。

2 ケインズの論敵

この2人は師弟関係にあった。先生にあたるのがヘクシャーである。彼の名前になじみのある経済学者でもその事実を知らない人もいるのではないかと思うが，このヘクシャーは実は経済学の歴史を研究したことでよく知られていて『重商主義』と題する古典的な大著を書き上げている。重商主義[2]とい

---

1) 2国間の通貨の交換比率である為替レートがどのようにして決まるかという考え方はいくつかあるが，それらはどのくらいの時間の長さを問題にしているかで区別できる。そのうち長期的な為替レートの動向を考えるときに重要とされるのが購買力平価である。短い時間で考えた場合，為替レートを変化させる通貨同士の交換には貿易だけでなく金融取引も含まれる。しかし，どこかの国にお金を貯めたり貸借したりという金融取引も，とどのつまりは将来そのお金でものを買うための準備である。したがって，長い時間を考えれば考えるほどものの売買という実需の要因がいちばん効いてくる。購買力平価説とは，為替レートは2国のうちのどちらで同じ品物を買ったとしても同じ値段になるように為替レートが動くというものである。たとえば，同じランクの自動車がアメリカで1万ドル，日本で120万円しているとすると，為替レートが1ドル＝120円のときに両国でその自動車の値段が同じになる。このときの為替レートを購買力平価と呼ぶのである。

2) 重商主義の原語的な意味は商業中心思想とでもいったところである。昔，経済学的な発想がまだよく発達していなかった時代には，豊かさと言えばずばり金銀財宝をイ

うのは経済学の黎明期に現われた諸々の考察を総称したものであって，広く15世紀から18世紀にまたがる経済思想の動向を指し示している。この時代には経済学的な考察の対象は国際貿易に集中していた。自国の経済を発展させるための手段は国際貿易の促進にしかないように思われたからである。考えてもみてもらいたい。当時は一般の農業や製造業の生産性は未だ低かった。そのために国民の大多数である農民たちの所得も極めて少ない。内需だけで経済発展を図るのは全くもって困難なのである。となれば外需に頼るしかない。重商主義者たちは外国の王侯貴族の欲望をくすぐるような贅沢品を国内で生産し，この外需を梃子にして国内総生産を増大させていこうとしたのである。このようにもともと経済学は外国貿易の考察にそのルーツを持っていると言える。お金を仲立ちとした自由で対等な取引が市場経済の大前提だとすれば，それは国際貿易でこそ始まったからである。やがてこの市場経済の仕組みは国内にも定着していった。そして，国際経済の分野では為替レートや国際収支など，特有の問題が新たな考察対象となっていくのである。

　ヘクシャーの弟子であるオーリンは，師が重商主義の研究のなかで考え示唆した国際貿易に関する考察を発展させていった。スウェーデンのクリッパンに1899年に生まれ，コペンハーゲン大学とストックホルム商科大学で教鞭を執った人である。彼は重商主義の歴史的研究のなかで師が提起した諸問題を理論的に解決する道を選び，現代の貿易理論の基本的な枠組みを作り上げた。現代経済学の貿易理論の基本はヘクシャー＝オーリン＝サムエルソン・[3]

　　メージした。したがって，政治家や軍人，富裕な商人といった人が多かった重商主義時代のもの書きたちは，自国を富ませ豊かにする方策として当時の通貨であった金銀を国内に蓄積することを推奨したのである。このためには外国にものを多く売り外国からはあまりものを買わないのがいちばんということになる。こうして，貿易黒字を目的とした人為的な輸出促進策が重商主義者たちに共通する特徴となる。

3)　サムエルソンは経済学の歴史上最も売れた教科書を書いた人物としても有名だが，現代アメリカ経済学界の大御所的な経済学者である。その業績は経済学のほとんどあらゆる分野に及び，当然のことながらノーベル経済学賞を受賞している。彼は既にある諸理論や諸定理を透徹した総合的な観点から見なおし，その玉石を分けていく仕事をエネルギッシュに行なった。ヘクシャー＝オーリンの貿易理論は，彼によって現代的な装いにまとめなおされたのである。

モデルと呼ばれているほどである。

　若いころから優秀な経済学者であったオーリンは，20世紀を代表する経済学者ケインズがある論文を発表したときにそれに猛然と噛み付いてみせた。時にケインズ46歳，オーリン40歳のことである。ケインズはこのとき既に『貨幣論』[4]という大著を準備するなど経済学者としての評価を確立する一方で，イギリス政府の経済政策を自由党寄りの視点から提言する立場にもあった。当時は第1次世界大戦と第2次世界大戦に挟まれた戦間期であり，敗戦国ドイツの多額の賠償支払と今後の世界経済の動向が関心を集めていた。ドイツ経済は激しいインフレに見まわれていたし，賠償金滞納を巡るいざこざからフランスが工業地帯であるルール地方を武力占拠するなど，先行きの見えない状況にまで追い詰められていた。1924年，アメリカは事態を打開すべく銀行家ドーズのまとめた提案を実施した。このドーズ案では，賠償金を軽減する代わりにドイツは財政赤字を削減してマルクの価値を安定させること，アメリカが積極的にドイツに資金貸付を行なって経済を再建すること，が提言された。

　一進一退の状況のなか，ケインズは1929年に「ドイツのトランスファー問題」と題する論文を『エコノミック・ジャーナル』誌に発表し，このドーズ案の実効性を疑ってみせた。それはこういうことである。仮にドイツ経済の再建がなったとする。ドイツは賠償金を支払うために，輸出を多くする一方で輸入を控えて貿易黒字を稼がなくてはならない。だが，ドイツ製品がアメリカ製品に比べて質において劣っているか大差ないようであればこうした貿易黒字は達成不可能であろう。それができるとすれば，同じような品質ながらドイツ製品の方が割安でなければならない。これはドイツの生産性が高いことを意味するがどうもそれには現実味がない。ケインズは，第1章の言葉で言うところの交易条件の悪化なしに賠償問題は解決できないとしたのである。

---

[4] 『貨幣論』は翌30年に出版され，理論編と実証編の上下2巻からなる。この段階では，少なくとも理論面で後年のケインズ革命を成し遂げるケインズはまだ現われておらず，旧来の発想をとる経済学者の一人であった。

これは，アメリカの消費者がドイツ製品にするかアメリカ製品にするかを選ぶ際，価格の問題を極めて重視するという立場である。ドイツ製品に関して代替効果が強く働くことを主張していると言ってもよい。だが，これまた第1章で確認したとおり，消費者の選択を考察するにあたっては所得効果も考慮しなくてはならない。オーリンはこのことに着目した。ドイツからアメリカへと賠償金というかたちで所得の移転が起きている。これはアメリカ全体のその年の所得を賠償金支払の分だけ増やすから，アメリカ人は自国の製品への需要を増やすと同時にドイツ製品も昨年以上に購入することになるだろう。したがって，賠償金の支払はドイツにとって輸出を促進する効果を持ち，ドイツは輸出の増加で達成した貿易黒字をその年の賠償金支払に充てることができるはずである。

後にケインズは1936年の主著『雇用・利子および貨幣の一般理論』でそれまでの価格分析中心のミクロ経済学を所得分析中心のマクロ経済学へと転換してみせる。[5] マクロ経済学は一つ一つの品物の関係である相対価格は扱わず，品物全体の売れ行きを一纏めにして取り扱う。そこで全体としての品物の売れ行きを決定するのは，その年，その国民が稼ぎ出す所得の合計である。だから，この論争でケインズが代替効果重視の立場をとり，それをオーリンが所得効果重視の立場から批判しているのは極めて興味深い。貿易理論の専門家であるオーリンの面目躍如と言うべきであろう。

では，賠償金の支払が貿易黒字だけではファイナンスできなかったらどうなるのだろう。だからこそドーズ案にアメリカからの資金貸付の条項が含まれていたのである。不足する賠償金支払分をドイツはアメリカからの資金借入で用意することができる。アメリカサイドから見れば，賠償金の支払で受

---

[5] 現代経済学は大別してミクロ経済学，マクロ経済学の二つの分野からなっている。ミクロ経済学とは，家計と企業という経済を織り成している主体の分析から，市場で成立する価格を通じて経済が全体として組織されていく様を分析の対象にしている。これに対して，市場の働きで構成された経済全体の動きを集計量同士の関係として大掴みに扱うのがマクロ経済学であり，ケインズの時代に彼の著書が大きな影響を与えながら形成された。それぞれ，小さい，大きい，という意味のミクロ，マクロが名称に冠されている意味は，以上の説明からよく理解していただけるだろう。

け取った資金を一部はドイツからの貿易赤字に，他をドイツへの資金貸付に充てるということになる．実は，貿易黒字をその中心となす経常収支と，当年の資金貸借の差額である資本収支を足せば必ずゼロになるというのは国際経済を考える場合の基本的な視角である．逆にドイツの貿易黒字が賠償金を支払って余りあれば，ドイツはその余剰を，借入を上回っての返済にまわすことができるのである．

3 貿易の存在理由

　ヘクシャーとオーリンという師弟コンビが築き上げた国際貿易の枠組みは，現在彼らの名を取って呼ばれていることは既に述べた．その実際を見ていこう．貿易は2国の間でいくつかの財を輸出したり輸入したりという関係である．それらのうち，輸出される品物を輸出財，輸入される品物を輸入財と言う．これはもちろん当事国のうち一方から見た呼び方であるから，もう一方の国から見れば輸出と輸入が逆になる．両方を合わせて貿易財と呼び，国際的に売買されていない非貿易財と区別する．世の中には貿易されない，あるいはできない財もあるのである．たとえば，床屋さんの髪を切るサービスなどはそうであり，いくらアメリカの散髪代が安いからといってわざわざアメリカまで髪を切りに行くことはしないし，アメリカから床屋さんを呼ぶわけにもいかない．また，輸出入には国民の嗜好も大いに関わる．私は大好きだが，アメリカ人の飲む炭酸飲料ルートビアはほとんどの日本人の口には合わないだろう．だから，輸入されていない．もちろん，納豆もアメリカにはほとんど輸出されていない．

　実際に国際貿易の対象になる財は多岐に渡るが，とりあえず2種類の財があれば貿易は可能である．いわば，2国のうち，それぞれの生産に優位性を持つ国がその財をたくさん作って輸出し，その代金でもって相手が得意な財を輸入すればよいからである．したがって，貿易の枠組みを最もクリアに考えたいときには品物の種類も輸入財と輸出財が各1種類ずつとすればよい．

　問題は優位性とか得意とかいうときに，それがどのようにして決まってく

るかということである。実は，もともと貿易理論の起こりではこの違いが技術的な格差に求められた。と言っても，技術的に優位な国が全てを生産する，ということではない。第一そんなことはできようはずもない。第1章で見たように，貿易とは相互にオファーし合う関係であって，そうでなければ輸入代金を稼ぐこともできない。そうではなくて，ある品物を作るときのコストがもう一つの品物を作るときのコストに比べて，相手国の同様の比率よりも安ければその品物の生産に専念し，生産できない品物は生産物を輸出した代金で輸入したほうがいい，ということなのだ。[6] いわば国際的に，国と国の間で仕事を分担し手分けをすればより多くの働きができるということである。どんなに優れた人でも一人で何でもやるよりは，自分より劣る人間とでも手分けした方がずっと仕事が早くはかどるのと一緒である。

　だが，技術は伝播していく。現在は世界中どこでも技術レベルや教育水準に天と地ほどの差はないと言うべきだろう。しかし，国際貿易は縮小するどころかますます盛んになっている。オーリンは貿易の理由について貿易理論初期の考えとは異なる，技術的な違いに由来しない説明を与えた。まさに現在の貿易理論の枠組みを提示したことになる。オーリンによれば，現代の貿易は品物を作るときの様々な要因の存在量が国によって異なることによって起こる。なるほど，これなら現代でも今後も貿易は存在しうるし，ますます拡大もしていくであろう。一例として土地を考えてみよう。土地の広さは当然，国によって違う。大規模な農場を必要とする穀物の生産や広い組み立て工場が必要な航空機の生産などは，広い国土面積のある国が得意とすることは何となく分かるはずだ。他に生産の要因としては労働と資本が考えられる。労働は働き手がどのくらい国民にいて，どのくらいの時間働くかで決まる。資本は工場，事業所などの建物やそこに備え付けられた機械や設備のことで

---

[6] これが18世紀前半の経済学者リカードの比較生産費説である。呼び名の意味は説明から明らかだろう。生産コストが絶対的に安いことを絶対優位といい，本文中の説明のような意味で「安い」ことを比較優位と呼ぶが，比較優位が貿易の基礎となっていることを示したその説は，どの国も国際経済のなかで働きどころを得ることができるということを初めて証明したものである。

ある。これまた経済活動には欠かせない。これら，労働，資本，土地のことを生産要素と呼ぶが，これらがどのくらい国内にあるかで，国際経済のなかでの自国の役割が決まってくるのである。ある国は他の国々に比べてたくさん持っている生産要素を多用する品物を輸出し，その逆の品物を輸入する。これはヘクシャー＝オーリンの定理と名付けられた命題であり，貿易理論の基本となる考え方である。

4 要素価格フロンティア

オーリンの作った国際貿易を分析するときの枠組みから，現代を考えるときに役立つ様々な内容を引き出すために，経済学らしく一つの道具を考えてみよう。要素価格フロンティアと呼ばれる道具である。この道具を描くにあたっては縦軸に資本の使用料[7]，横軸に賃金すなわち労働の使用料を測る。ここに賃金と資本の使用料の可能な組合せを順次書き込んで行くのである。そうするとどんな産業でも必ず右下がりの関係が得られることがお分かりであろうか。これはこういう理屈である。賃金にしても資本の使用料にしても，勤務1時間あたり資本1万円分あたりの報酬は，その生産要素の生産への貢献によって決まる。働き手はたくさんいるのに資本が少ないときは，労働1時間あたりの貢献がもうすっかり小さくなっている一方で希少な資本1万円分当たりの貢献は大きいはずである。だが，だんだん機械化が進むなどして資本の量が増えていけばその1万円分あたりの貢献は徐々に小さくなっていくだろう。資本の希少性が失われていくからである。このことの裏側で生産

---

[7] 資本の使用料という言葉が分かりにくいかもしれない。機械や建物などをある企業が他人から借りて操業している場合は，この使用料は文字通りのレンタル料である。では，多くの場合そうであるように機械や建物を企業自身が所有しているときはどうだろうか。この場合，資本の使用料はゼロになるのだろうか。そんなことはない。企業の資本，つまり機械や建物などの財産の究極の所有者がその企業の株主であることはお分かりだろう。したがって，この場合は株主に支払われる配当が資本の使用料となる。だから，要素価格フロンティアは，その国民同士の間での勤労所得と財産所得とのトレードオフの関係を表わすと考えることができる。

第3章 渡る世間に鬼はなし　37

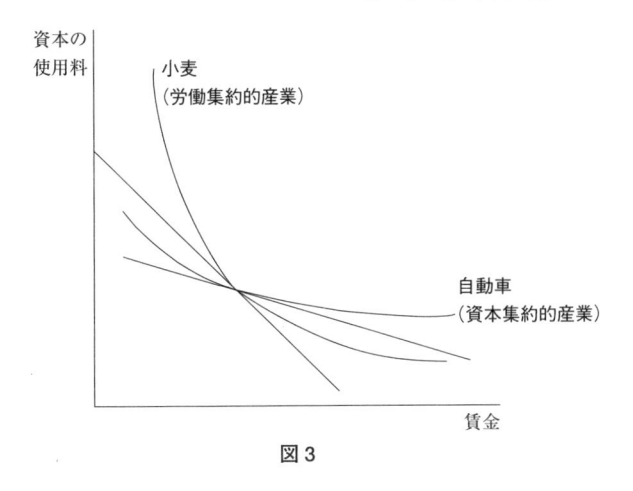

図3 （資本の使用料を縦軸、賃金を横軸とし、小麦（労働集約的産業）と自動車（資本集約的産業）の要素価格フロンティアを示す右下がりの曲線）

の増加は労働の方を徐々に希少なものとしていくから，勤労1時間あたりの貢献は徐々に増えていく。これは図3で右下がりの曲線として描ける関係である。

なお，この右下がりの曲線は，やはりどの産業でも，資本の使用料や賃金を測る原点に対して出っ張るかたちになることも想定できる。なぜなら，労働を多用している状態（曲線の左上の方）では，資本を1万円分増やしたときに資本の貢献が比較的素早く小さくなる割には労働の貢献がそれほど大きくなってこないからである。逆に，資本を多用している状態（曲線の右下の方）では，資本を1万円増やしたときの貢献の小さくなり方が，労働の貢献の大きくなり方に比べて少なくなると考えられるからである。

なお，この要素価格フロンティアは，生産される品物である自動車や小麦のある価格に対応して1本ずつ引くことができる。品物の価格がもっと高くなれば，それに比例してよりたくさんの報酬を労働にも資本にも支払うことができる。これは図で言えば，原点から放射状に伸びる方向へと向かって要素価格フロンティアが右上への移動を行なうことである。ある1本の要素価格フロンティアを前提にすれば，どんなにがんばってもこの曲線より右上側の報酬を労働と資本とに同時に与えることはできない。フロンティアという名前はぎりぎりこの線までという意味で名付けられているのだ。このことか

らも分かるように，品物の価格は労働と資本への報酬の支払に完全に分けてしまえる。これが成り立つためには，要素価格フロンティアのある点での傾きが労働の存在量と資本の存在量との比に等しくなくてはならない。もしそうでなくて，フロンティアのある点での傾きが上記の比よりも大きい，すなわち，資本の存在量が相対的に大き過ぎれば資本のレンタル量が下がって賃金が上がることになり，フロンティア上を右に移動してちょうど傾きに等しい点に至るはずである。

　図には2種類の異なる要素価格フロンティアが引かれている。一つは小麦生産，もう一つは自動車産業のそれである。二つは位置，あるいは傾きが異なっている。一目瞭然なのは，小麦生産の方が自動車産業に比べてよりきつい勾配を持つということだ。これは小麦生産の方が，資本の存在量に比べて労働の存在量が極端に多い場合に対応していることを意味している。自動車産業はその逆に労働に比べて資本が極端に多い場合に対応する。前者を労働集約的産業，後者を資本集約的産業と呼ぶ意味も既にお分かりであろう。

　以上のことを前提にして，ある国が経済発展とともにどのように生産と貿易を変化させていくかを考えてみよう。まず，どの国も発展の初期段階では労働はたくさんあるものの，資本，すなわち機械や設備は乏しい状態にある。したがって，労働の存在量と資本の存在量との比を傾きに持つ直線を考えると，かなり左上の方で小麦生産の要素価格フロンティアと接する。この段階でこの国は小麦だけを生産し自動車は全て外国から輸入する。そして，賃金は極めて低く資本の使用料は相当高い。これはかつての中国などの状況をよく説明しているのではないだろうか。このように国を挙げて一つの生産物だけを作り輸出している状態が完全特化である。

　やがて，この国も人口に比べて資本がどんどん増えていく経済発展の状態を迎える。労働の存在量と資本の存在量との比を傾きに持つ直線は，接する点を小麦生産の要素価格フロンティアの右方向に移動してくる。農業の機械化が進んで資本の使用料は減りながら賃金が少しずつ上がっていく。この接点が2本の要素価格フロンティアの交点に達すると，しばらく生産は宙ぶらりんの状態に入る。どっちの生産が得とも言えなくなってしまうのである。

この段階でこの国は小麦の生産と並んで自動車の生産も始める。工業化へのテイクオフが始まったのである[8]。これはかつての日本や現在の中国の状況であると考えられる。

人口がほとんど増えないにもかかわらず資本はどんどん蓄えられていく先進国の状況が長く続くと，労働の存在量と資本の存在量との比を傾きとする直線は，自動車産業の要素価格フロンティアにだけ図の右方で接するようになる。この段階で小麦生産は国内から一掃され，この国は自動車産業に完全特化する。資本の使用料は低め安定の状態に入る一方で，賃金はますます上昇していく。将来の日本はこうした方向に進まざるを得ないであろう。

技術が同じであればどの国も産業ごとの要素価格フロンティアの形や位置は等しいはずである。そして，国際的に自由な貿易が行なわれる限り，品物の価格も全世界で同じようになっていくことが考えられる。つまり，**図3**は全ての国に共通の図となる。労働の存在量と資本の存在量との比にどの国もあまり差がないとすれば，また，労働と資本の量に極端な偏りがないとすれば，全ての国が2本の要素価格フロンティアの交点にあることになる。そのとき，世界中で資本の使用料と賃金とは等しい額になるはずである。この結論は要素価格均等化定理と呼ばれており，自由貿易の進展が世界の人々の所得を平等化する傾向を持つことの根拠とされている。資本や労働といった生産要素の存在量に国による違いがたとえあったとしても，そのことが最終的には要素価格に反映されなくなるという結論は驚くべきものであろう[9]。

何らかの理由で今，小麦の価格が急騰したとしよう。これは世界的な気象

---

[8] このとき貿易はどうなっているのだろうか。事態は一概に言うことはできず，国内の消費量や海外の消費量，生産量に依存して決まってくる。どちらか片方の財を輸入して他方の財を輸出していることもあろうし，両方または片方の財を輸出するとともに輸入もしているということもあろう。

[9] ここでは生産要素のうち，土地については考察してこなかった。しかし，土地についても全く同じ結論が成り立つ。アメリカと日本のように国土面積に大きな差がある場合も，国際貿易を通じて地代は近づいていく傾向があるという理屈になる。地代が等しくなれば地価も等しくなるはずだが，両国で地価が等しくなる日は来るのだろうか。

変化によって小麦の生産が減少したせいかも知れないし，関税をかけるなどその国だけの事情かもしれない。いずれにしても小麦生産の要素価格フロンティアが右上の方に移動するのは先に述べたとおりである。この国の労働と資本の存在量が不完全特化の領域にあれば，2本のフロンティアの交点は自動車産業のフロンティア上を右下の方に移っていくことが図3から確認できる。すなわち，小麦価格の上昇はこの国の賃金上昇と資本の使用料の低下をもたらすのである。このように，ある品物の価格の上昇が，その生産で集約的に使われる生産要素の価格を上昇させる一方で他の生産要素の価格を引き下げることを，証明した経済学者の名を冠してストルパー＝サムエルソンの定理と呼んでいる。

5　リプチンスキーの定理

それでは，不完全特化の状態にあるとき，資本が徐々に国内に蓄えられてくと両産業の間ではどのようなやり取りが行なわれるのであろうか。図3の分析では不完全特化の様子はしばらくの間1点で表わされてしまうのでよく分からない。本節では数値例を使って分析してみよう。

今現在，この国には12万人の働き手と6万台の機械があるとしよう。労働を多用する労働集約的産業である小麦生産は人手4人あたり1台の機械を，機械を多用する資本集約的産業である自動車産業は人手4人あたり3台の機械を，それぞれの生産のために使っているとする。国内にある生産要素を無駄なく使っていれば，両産業の間で労働はどのように分けられるのだろうか。これはその年の両産業の生産規模がどうなるかという問題でもある。

このことを見るためにこういう計算をしてみよう。自動車産業での労働の使用量が労働の総量である12万人に対してどれだけの割合かをnで示す。すると残りの割合は$1-n$となるが，産業は2つだけだからこれが小麦生産で使用される労働量となる。労働がこのように分割されているならば，両産業で使う機械の割合に関して次のような式が成り立つはずであろう。

$$n \times (3/4) + (1-n) \times (1/4) = 6/12$$

　すなわち，両産業での労働の使用割合をそれぞれの産業の労働に対する資本の使用量の比で按分すれば，1 国全体での労働の資料量に対する資本の使用量の比，つまり，生産要素の存在量の比に等しくなるということだ。この方程式を解くと容易に n = 1/2 の答えが求められる。今年現在，自動車産業は 12 万人の労働のうち，半分の 6 万人を使って生産を行なっている。小麦生産には残り半分の 6 万人が従事している。従業員規模で見れば両産業はこの国の経済で半々のウェイトを占めていることになる。因みに，資本は自動車産業が 4.5 万台，小麦生産が残りの 1.5 万台を使用することになる。

　たとえば 3 年後，この国の資本の蓄えが増えて機械の台数が 6 万台から 8 万台に増大したとしよう。このとき同じ計算問題を考えると次の式が成り立つはずだ。

$$n \times (3/4) + (1-n) \times (1/4) = 8/12$$

　右辺の分子が 6 万台から 8 万台になっているのは資本が増大したためである。両産業の労働と資本の使用比率はこの 3 年では大きな変化は見られないと考えて同じ値を使っている。この方程式を解くと新しい n の値は 5/6 になる。つまり，3 年で自動車産業はこの国の働き手の 6 分の 5 に当たる従業員を抱えるようになったということである。これは実数にして 12 万人のうち 10 万人であり，3 年前までは経済で半々のウェイトを占めていた自動車産業と小麦生産は従業員規模で 5 対 1 にまで溝が開いてしまったのである。因みに資本の使用量は自動車産業 6.7 万台，小麦生産 1.3 万台となる。

　私たちの数値計算から明らかなように，不完全特化の状態である生産要素の量が増えるとその生産要素を多用する産業が生産規模を拡大する一方で他の産業の生産は縮小していくことになる。結果として残りの生産要素も，増大した生産要素を集約的に使用する産業に吸収されていく。1 国の産業の持つこの特徴はリプチンスキーの定理として知られるものである。[10]

経済発展が進み人口の増大以上に資本の蓄積が進んでいくと，前節ですでに見たように資本の使用料が低下しながら賃金が上昇していくのであった。しかし，図3では経済が不完全特化の点に入り込むと，そこから先の経済の様子はブラックボックスのなかに入り見えなくなってしまった。そこで本節ではそのブラックボックスのなかを覗いてみたわけである。リプチンスキーの定理から考えて，不完全特化の状態でも資本の増大は小麦生産の規模縮小と自動車産業の発展をもたらすことになる。やがて，機械の使用量に見合った働き手を自動車産業が全部吸収してもまだ足りない臨界点まで資本の増大が達すると，国内の小麦生産は消滅して自動車産業に完全特化した状態に入る。図3で言うなら，経済は不完全特化のブラックボックスから出て，自動車産業の要素価格フロンティア上を再び右に移動し始めるのである。

　貿易理論の偉大な枠組みを私たちに残したオーリンは母国スウェーデンの中央銀行が与えるノーベル経済学賞を1977年に受賞し，その2年後，静かにこの世を去った。

---

10)　私たちの数値計算では両産業の資本と労働の使用比率は変化の前後で一定であった。国内で資本が蓄えられれば，たとえ要素価格に変化のない不完全特化の状態でも両産業で機械化の動きが起こるかもしれない。それでも，自動車産業の方が機械化の動きにおいて小麦生産より速ければここでの結論に違いはないのである。

第4章 ■スティグラーと価格理論
Stigler, George Joseph, 1911 – 1991

幸せな家庭はどこもよく似ている

The Theory of Price(『価格の理論』1946 年)

1　ミスター・ミクロとミスター・マクロ

　ジョージ・ジョゼフ・スティグラーは1911年，ワシントン州のレントンに生まれた。間違える人はないと思うが，ワシントン州はアメリカの西部太平洋岸にある自然豊かな州である。合衆国の首都ワシントンは，ワシントンD.C.と言って区別するのはこのためだ。もっとも，ニューヨークは州の名前にも世界的な大都市の名前にも使うから紛らわしい。なんと言ってもニューヨーク州はほとんどが広大な農村地帯であり，ビッグ・アップル，ニューヨーク・シティーは州南東部の点に過ぎないのだ。だから，ニューヨーク市を指すとき，アメリカ人は「ニューヨークのニューヨーク」とわざわざ言うことが多い。

　スティグラーは，アメリカ中西部を代表する大都会で経済学研究の中心地であったシカゴへ移り，そこで研究者としての地位を獲得していく。シカゴ大学は現代でもノーベル経済学賞の受賞者を輩出する経済学の名門なのである。

　シカゴ大学からは本当に大家として名を馳せる経済学者が多く出ている。スティグラーも生前はミクロ経済学という分野の中心人物の一人としてミスター・ミクロの異名をもって呼ばれていた。同じ時期にシカゴ大学の教授を

務めた人物に，後にマネタリズムの闘将として世界的な名声を獲得するミルトン・フリードマンがいたが，2人は仲のよい友人同士であった。キャンパスでもよく並んで楽しげに議論しながら歩く2人の姿が，学生に目撃されたものだそうだ。学生たちは，それを見て，「ミスター・ミクロとミスター・マクロが歩いている」と言って笑う。この笑いには理由があった。ミスター・ミクロことスティグラーは，身長2メートルになんなんとする長身，他方，ミスター・マクロことフリードマンは160センチ代の小柄な体型であった。ミクロとマクロは，もちろんもともと「ちっちゃい」と「でっかい」の意味であり，これがあだ名と裏腹になっているから面白いのだ。しかも，スティグラーはなかなかのハンサムでダンディーに語るのに対し，フリードマンは丸顔で頭の薄くなった眼鏡のおじさんで声は甲高いときている。何から何まで対照的な2人なのだ。しかし，真の友人とはそんなものかもしれない。

スティグラーはミクロ経済学の応用分野である産業組織論の確立者の一人として知られている。産業組織論とは，自動車産業や石油産業など，いくつかの企業から織り成されている業界内での競争や協力のあり方を経済学的に研究する分野である。アメリカは人々の印象とは異なり，昔から業界内の激しい競争を緩和するために独占的な協力組織を企業間で作ってきた国である。独占がひどいから独占に対する民衆や政府の目も厳しいし，独占組織についての研究も必要になるのだ。問題は，こうした独占がどのような害悪を人々にもたらすかであり，どうすれば，その害悪を防げるかである。産業組織論は，それらの問題を理論的，実証的に研究していく。独占を野放しにするのもよくない。それは競争が制限されている状態では，企業は心置きなく生産量を制限し，価格を吊り上げることで消費者の犠牲の下に利益を大きくする

---

1) アメリカはイギリスを中心とする西ヨーロッパ諸国に比べれば遅れて近代経済を発展させた国である。そこで，19世紀末から産業が発展する際に，株式会社の制度を有効に活用して巨額の資本金からなる大企業を一挙に創設した。こうした大企業同士の競争であるから熾烈にならざるを得ない。そこで，大企業間で話し合って設立した独占組織が，株式をトラスト証券と呼ばれる有価証券と交換して全体で一つの企業に合併してしまう。これがアメリカ特有の独占のあり方だった。

ことができるからだ。アメリカの人々が独占を心から憎んできたのは，このためである[2]。

　だが，独占でなければ，開発できない技術や製品もあるだろう。開発作業は結局骨折り損のくたびれ儲けになることも多く，資金的に余裕のある大企業でなければプロジェクトすら立ち上げられない場合もあるからだ。それに，実情は独占であったとしても，価格はそんなに不適正に高いわけではないかもしれない。実際に競争相手がいないとしても，価格を上げた途端に他の企業や外国企業が参入してくるかもしれないからだ。その場合，企業の数が少なすぎるように見えても，その業種の需要に照らして適当な企業数だということもあり得るのである。これらはより厳密に論理を検討したり，実際の数値で検証したりしてみないことにはなんとも結論を下しがたい。スティグラーは自らの研究を通じて，これらの研究分野を開拓していったのであった[3]。

　スティグラーは産業組織論研究の業績を受賞理由として，1982年にノーベル経済学賞を受賞した。それから，およそ10年，日本経済が平成不況と呼ばれる長い停滞に入る一方でアメリカの好景気がはっきりしてきた1991年，スティグラーは他界している。

---

2) アメリカには民衆の力で政治を動かそうという，割と過激なポピュリズムという伝統がある。反独占の意識はこの運動と結びついている。アメリカのなかでもフロンティア地域の自活する農民にとって，独占とは大陸横断鉄道の鉄道会社と，それによって運ばれてくる東部の銀行資本だった。アメリカの人気ドラマだった『大草原の小さな家』シリーズを見れば，このことが実感できる。

　他方で，独占会社のお金持ち一族はアメリカン・ドリームの一つの象徴であり，民衆の憧れでもある。その名もズバリ「モノポリー」という双六ゲームで遊んでみればよく分かる。アメリカ人にとって，独占という言葉は，これらアンビバレントな感情をともに喚起するものであるようだ。

3) 独占禁止政策には，スティグラーらのシカゴ方式と，他の経済学名門校の名前を取ったハーバード方式とがあると言われる。前者が規制をより制限的に使おうとするのに対し，後者は比較的強い規制で対処する傾向がある。

2 価格とは何か

　少し前の偉大な経済学者の多くがそうであるように，スティグラーは経済学という学問の歴史を研究する学者としても大家であった。彼は価格というものを巡って，過去の経済学者がどのような議論を展開してきたかについて，大きな著作を残している。私たちの暮らす市場経済は，価格というシグナルを中心にして運行しているとよく言われる。この価格とは何かという問いはもちろん経済学の重要問題であるし，ミクロ経済学そのものが突き詰めて言えば価格の理論だと言い切れるところもある。スティグラーがそう考えたであろう通り，価格は経済の運行を司る星図のようなものなのだ。

　価格はもちろん品物の値段だから，買う側と売る側で意図するものが違う可能性がある。違えば，そこで何らかの交渉が行なわれて価格が折り合ったところで売買成立となるわけだ。この交渉はノミ市，すなわちフリー・マーケットならいざ知らず，実際の経済では市場のメカニズムが代行している。そこで，ここでは，折り合いがついたときに，買い手側，売り手側のそれぞれにとって価格が何を意味しているかを考えてみよう。

　売り手側は価格をどう付けるかと言えば，それを入手するときや生産するときにたくさんのコストを必要とする品物を高く，そうでない品物を安くするだろう。ある1種類の品物でも生産する量が増えていったり，入手する量が増えていけば，用意するためのコストは以前に比べて徐々に上がっていく。工場の大きさが手狭になったり，仕入れてくる相手がやはり値を吊り上げてくるからだ。このとき，どういう値段を付けると利益がいちばん大きくなるかが思案のしどころだ。答えは，販売できる数量の最後の1個を入手するためのコストと同じ値段を全てに付けるということになる。こうすれば，最後より以前に入手できたときのコストと値段の差額がすべて利潤となる。売り手側はどの品物についてもこういう値段の付け方をする。最後に生産または入手した1個にかかった費用を限界費用と言うから，売り手サイドから見た価格は，それぞれの品物の限界費用に等しいと言うことができる。[4)] リン

ゴの限界費用が100円ならリンゴの値段は1個100円，ガソリンの限界費用が150円ならガソリン1リットルの値段は150円，ガソリン1リットルはリンゴ1個の1.5倍の値段ということになる。

　他方，買い手側はどういう値段なら払えるかを考えてみよう。消費者としての私たちを考えればすぐ分かるように，その品物を消費したときに満足の大きいものには高い値段を，使ったときの満足がそれほどでもない品物には安い値段を払っているはずである。先ほどの限界費用になぞらえて言えば，これは限界効用と同じ値段を払っていると言えるはずだ。効用（ユーティリティ）というのは，品物の役立ち，転じて，それを使ったときの満足感のことである。したがって，限界効用はある品物の最後に消費した1個から得る満足のことだ。限界効用は限界費用とは逆に，消費する量が多くなるほど，徐々に小さくなっていく。これは日常生活で誰しも経験していることだ。だが，最後に使った1個からの満足感である限界効用を，私たちは何円とお金で表現することはできない。リンゴ1個を食べた満足感は100円くらいかな，ということもあるかもしれないが，それは納得して買った値段が100円だったことからの後知恵の可能性が高い[5]。だから，私たち消費者が付ける値段は，限界効用の比率でしか表わすことができないのである。「ガソリン1リットルはリンゴ1個の1.5倍くらいかな。私の感じる限界効用は，ガソリンとリンゴとで1.5：1くらいだから」といった具合である。このとき，リンゴに100円払えば，結果としてガソリンに150円払っていいことになる。

---

4) 実際には1,000個をまとめて仕入れたり，5,000個をまとめて生産したりするだろうから，限界費用は，実際には，あと1個追加で手に入れたときに，その1個がいくら全体のコストを引き上げるかを推測すれば求められることになる。
5) リンゴの消費単独では，限界効用を価格で表わすことができないのにはちゃんとした理由がある。1円のお金の表わす満足が，その人が何をどのくらい消費するかで変わってしまうからである。その人の月収が同じでも，リンゴを何個買うかは他の品物の消費量との関係で，この人にとっての1円の価値を変化させる。言わば，効用を測る物差し自体が，リンゴ1個を追加で買う前と買う後とで変わってしまうのである。物差しの目盛りが微妙に違うのに，計測結果を比較しても意味がないだろう。

3 主体均衡と市場均衡

　前節の内容を図で表わせば，図4のようになる。ただし，図示する関係上，ここではごく単純化された架空の経済を想定している。こうした理論研究のための経済模型を経済学ではモデルと呼ぶのだ。どれくらい単純かと言えば，経済の構成員は個人Aと個人Bの二人だけ，生産され，取引されて消費される品物も財1と財2の二つだけという具合である。当面，二人は協力して生産活動をし，ある権利関係に従ってそれぞれの品物が配分されたあと，消費のために交換し合うということにしよう。

　まず，財1の生産量と消費量を横軸に，財2のそれらを縦軸に測ったこの図のいちばん外側を包むように，曲線が引かれている。これは生産可能性フロンティアと呼ばれ，その名の通り，この経済で最大限生産可能な2種類の財の組合せを表わしている。これより外側での生産は実現できないのでフロンティアの名がある。この経済を構成する個人AとBとが互いに協力して2財を生産しているから，たとえばリンゴをたくさん作ればガソリンはあまり生産できず，その逆は結果も逆と，それぞれの財の入手可能な量はトレードオフの関係になる。しかも，このフロンティアは外側に出っ張っているのだが，これは既にたくさん作っているものをもっと作ろうとすると効率が落ちるということに他ならない。こうなるのは，ある品物を作れば作るほど最後の1個のコストが増えていくからであるが，そう，限界費用が徐々に上がっていくという前節の関係の帰結なのだ。このことから，生産可能フロンティアの傾きは特別な意味があることに気付く。この傾きは限界変形率と呼ばれ，2財の限界費用の比率になっている。図では財1が横軸，財2が縦軸だから，限界変形率は(財1の限界費用)/(財2の限界費用)である。この計算で，財1の生産量を増やし財2の生産量を減らしていけば，分母が小さくなって分子が大きくなり，傾きが左上から右下へと徐々に急になっていくことが確認できよう。図から明らかなように，この比率は財1を1個減らしたときに財2を何個増やせるかの比率でもある。限界変形率の名は経済全体とし

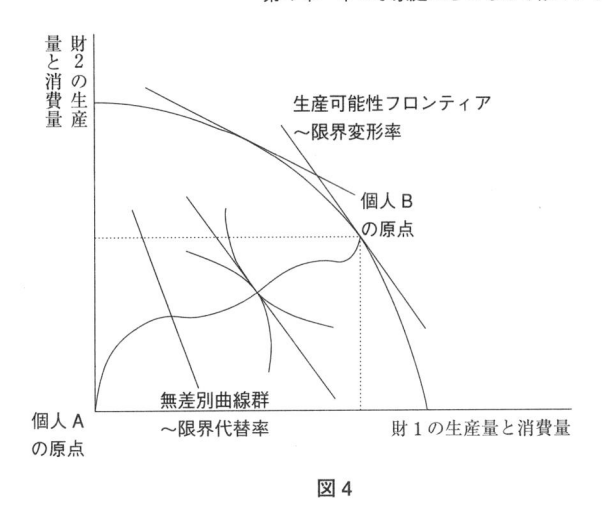

第 4 章　幸せな家庭はどこもよく似ている　49

財2の生産量と消費量

生産可能性フロンティア
～限界変形率

個人 B
の原点

無差別曲線群
～限界代替率

個人 A
の原点

財 1 の生産量と消費量

図 4

て，ガソリン 1 リットルをリンゴ 1.5 個に作り換えられることを示す比率であることから来ている。

　たとえば，こうしてリンゴ 50 個，ガソリン 100 リットルが生産されたとする。このうち，ガソリンは全て個人 A に，リンゴは全て個人 B に割り当てられたなら，二人は協議の上，2 財を交換してから消費することを望むだろう。図 4 で，生産された 2 財の量を表わす生産可能性フロンティア上の点と，個人 A の原点を頂点に持つ長方形が点線と両軸とで囲まれているが，二人の分配状況と交換の結果は全てこの長方形内の位置で表わすことができる。その際，個人 A の持つ 2 財の量を原点から，個人 B の持つ 2 財の量を生産量の点から測ることにすれば，財 1 を全て個人 A に，財 2 を全て個人 B にという分配は，生産量の点の真下にある頂点で表わすことができる。ここから，うまく交渉して，最終的に長方形内のなにやら対称的な曲線が背中合わせに接している点に移ることができれば，前節で見たように売る側からも買う側からも値段が折り合っているということになる。

　この背中合わせの曲線のうち，個人 A の原点に向かって出っ張っている方が個人 A の無差別曲線，反対が個人 B の無差別曲線と呼ばれるものである。この曲線は，消費の満足が同じくなる 2 財の消費量の組合せを結んだも

ので，名前も，同じ曲線上ならどの組合せにも無頓着ということから来ている。だから，実際には，これらの曲線はAにとってもBにとっても，満足の度合だけ無数にあるわけで，重なったり接したりしながら長方形内を埋め尽くしている[6]。このうち重要なのは，生産での限界変形率と同じ傾きでピタリと接する二人の無差別曲線2本だけなので，図にはそれしか描いていない。なぜ重要かと言うと，前節で買い手側の価格を決めると述べた限界効用の比率こそ，無差別曲線の傾きだからである。

ある品物の限界効用は消費量が増えるほど下がっていくから，(財1の限界効用)/(財2の限界効用)を限界代替率と名付けると，この比率はある無差別曲線上を左上から右下に移動するにつれて小さくなっていく。この限界代替率が無差別曲線の傾きであることが，無差別曲線がどれも自分の原点に向かって出っ張っている理由なのである。無差別曲線が接しているとき，接点での限界代替率は個人Aも個人Bも同じである。限界効用の比率は，それぞれの個人の品物に払っていい値段の比率であり，品物に対する評価の比率だから，限界代替率が等しければ，二人の品物への評価は一緒になる。価格で折り合って初めて交換が成り立つのはこのためなのだ。各人で見れば，この値は，満足を変えずにガソリン1リットルをリンゴ1.5個と置き換えることが可能だということを意味することから，限界代替率と呼ばれている。

4 一般均衡と経済厚生

もし，二人の間で初めから，2財に対する評価が定まっていれば，したがって，限界代替率が動かないなら，それと限界変形率が平行になるように各財の生産量を決めればいいから，話は楽だ。もし，生産可能性フロンティア上で，その点より左上なり，右下なりの点で生産したら，いずれの場合でも

---

[6] 二人の原点を結ぶ1本の曲線は，二人の無差別曲線群が接する点を全て繋いだものである。交換の契約が成立する場合，必ず二人の無差別曲線が接していなければならないことから，この曲線を契約曲線と呼んでいる。

第4章　幸せな家庭はどこもよく似ている　　51

評価の低いものを作り過ぎて評価の高いものが入手できなくなっており，人々の不満を招くから変えるに如くはない。

　だが，ことはそれほど簡単ではないのである。なぜなら，生産の結果が人々に分配されたとすると，それをある価格で一気に交換して，人々は自分たちの無差別曲線が接し合うところに移動する。ということは，交換の長方形のなかで，最初に分配された量を表わす点から，直線上で二人の無差別曲線が接し合う点がどこかになければならないし，あったとしても，その直線の勾配が，生産で決まる限界変形率の価格に等しいことはほとんど無理だろう。だいたい，交換の前提になる分配が決まるためには生産が決まっていなければならないから，堂々巡りなのである。

　実は，この困難こそ，経済全体のバランスである一般均衡の性質をよく表わしている。一般均衡とは結局，価格の試行錯誤を繰り返すことで，生産と消費，分配と交換とが徐々にバランスをとっていく過程のことと考えられる。計画的に，一瀉千里にいくものではないのである。生産によって付けられた価格と，決められた分配とで交換が行なわれたとする。人々は，その値段ならこれだけしか売らない，これだけしか買わないという判断を銘々勝手に行なうので，売れ残ったり買い足りなかったりというアンバランスが生じるだろう。このため，翌年は売れ残った品物は減産して買い足りなかった品物は増産するから，価格は変化するし分配も変わるだろう。もちろん，翌年もうまくバランスがとれる可能性は低いが，このような試行錯誤を繰り返しながら，バランスがとれる価格を見つけていくのが市場経済というものなのである。

　分配がどうやって決まっていくべきかは次節で考えることとして，人々の交換の結果を，したがって消費を，分配が大きく左右することは明らかである。生産はとりあえず無視し，分配を前提にして二人の限界代替率が一致するように交換ができたとしよう。これで二人はもっとも望ましい状態，最適な状態に達したと言っていいであろうか。消費できた量が，個人Aはリンゴ30個，ガソリン70リットル，個人Bはそれぞれ20個と30リットルだったら，やはり個人Bはやりきれないものを感じるだろう。二人の所得には格差があるのだ。貧富の差の存在である。そして，ここで正直に言わなけ

ればならない。貧富の差の問題について，経済学は何も厳密に言うことはできない。これは経済学の無力さではなく，学問的には何も言えないことを突き止めたことが経済学の功績なのである。

　私たちは常に現実のなかにいる。現実は貧富の差も含めて多くの問題や改善するべき点を私たちに指し示す。だが，それらを変化させていこうとすると，賛成する人もいれば反対する人もいるだろう。反対する人たちは，その変更から経済的な損失を被る人たちである。彼らが失うものを全て既得権益と呼んで非難する向きもあろう。しかし，私たちはここでも誠実でなければならないのではないだろうか。法的に問題があるなら論ずるまでもないが，数の論理や世論だけで全てを断ずるべきではあるまい。冷静に考えれば，彼らに理があることもあるだろうし，反対する者を一方的な論理だけで切り捨てていいとは思えない。つまり，金持ちは果してそれだけで罪なのかということだ。[7]

　ここに，貧富の差の是正や平等は，イデオロギーで一刀両断に進めるのではなく，国民的な議論を尽くして納得を得ながら漸進しなければならないということの倫理的な根拠がある。もちろん，そう言ったからといって，平等主義が貧しい人間の恨みや妬みから生じる議論だという論調に組するものでは全くない。平等に対する私たちの共感は，おそらく人間としての共通性というより深いところから発するものであろう。これが妬みと全く違うことは，次のような例を考えてみれば分かる。

　たとえば，消費できた量が，個人Aはリンゴ30個，ガソリン30リットル，個人Bはそれぞれ20個と70リットルだったら，二人は互いに妬みを感じないかということだ。もし，これが最初に分配された2財の量に規定されつつ，そこから二人の満足を最大にするように決まったものだったら，妬

---

[7] ここで述べている内容は，経済活動で貢献しているから大きな所得をもらっている人を，あまりに冷遇して平等化を図ると，経済全体が振るわなくなって全国民が貧しくなるという問題ではない。それは，やはり経済効率を考えた議論である。19世紀に，貧しい人々を優遇して平等化を図った方が，労働者の教育水準や品性を高めて経済成長に資するとしたのをただ裏返しただけの理屈である。

みが生じる余地はある。たとえば，個人Ｂが個人Ａの消費を行なっている自分を想像したときに，今の自分より高い満足になることを知ったら，彼は隣家を羨むであろう。ガソリンの価格がリンゴの価格の1.5倍であるなら，羨んでいるＢの方がＡよりはるかに所得は大きいのに，である。

5 分配の数理

それでは，経済学では生産された財の分配はどのように決まるべきであると考えるのだろうか。答えは，生産への貢献度に応じて決まるということである。ただし，この場合の分配は個人への分配ではなく，生産に必要な勤労と設備への分配ということである。個人への分配は，その人がどのくらい働いたか，また，その人が設備の所有権である株式や設備への分配の一部を受け取る権利を持つ金融資産などをどれほど持っているかによって決まる。勤労と設備を経済学では労働と資本と呼ぶから，個人への分配の方は，労働と資本をどれだけ保有し提供しているかで決まると言ってよい。

今，ある製品の生産個数が次の式で決まることが分かっているとしよう。

$$(従業員数の平方根) \times (機械台数の平方根) \times 20$$

従業員が100人，機械が64台であれば，この式に代入して製品の個数は1600個である。このときの貢献度はどうなるかと言えば，労働と資本で半分半分である。このことは，両者を計算で扱うときに平方根が使われていることから分かる。平方根とは1/2乗のことであるから，貢献度に応じた分配がその1/2ずつになることが分かるのだ。だから，製品の分配は半分半分で800個ずつである。[8]

---

8) この例は，原材料費や光熱費がかからないケースだが，それらがかかる場合は，製品の個数ではなく，それに価格を掛け合わせた生産額を考え，それから原材料費等を引いた額（付加価値額）の分配について，山分けということになる。

どんな生産でも，労働と資本にかかる累乗の値を足し合わせると1にならなくてはならない。たとえば，上記の例で従業員数の1/2乗でなく1/4乗ならば，機械台数は3/4乗でなければならない。そして，そのとき，貢献度に応じた分配は従業員に400個，株主に1200個である。こうなるのは，従業員数，機械台数ともに同じ規模の工場をもう一軒建てた場合，会社全体として生産量が2倍になるという常識が成り立たなければならないからである。もし，累乗の値を足し合わせて1以上ならば，工場が2ヵ所になれば生産は2倍以上になってしまうし，1以下なら2倍に満たないという，よく分からないことが起きてしまう[9]。

この形の生産の関係，つまり生産関数は，コブ＝ダグラス型と呼ばれる特徴的なものである。同じ形は，いくつかの品物を消費した場合の効用の大きさを表わす効用関数としてもよく用いられる。ただし，効用というのはよく考えると数字で表わされるものではないから，これを計算することには少し微妙な判断が付きまとう。だから，数字は絶対的なものでなく，どの満足を基準のゼロとするか，効用の一目盛りを満足のどれだけの差にするかで決まると考えるべきだろう。これなら，自分の満足を数字で表わすことはできる。

$$(リンゴの個数)^{1/2} \times (ガソリンの量)^{1/3} \times 10$$

たとえば，効用関数が上の式で表わせる人がいたとする。ここで累乗の値を足しても1より小さいが，生産関数と違って今度は1にならないことが普通だと考えられる。和が1になるなら，リンゴとガソリンの消費量をともに3倍にしたときに，満足も3倍になるはずだが，人間そんなことはないだろう。満足の増え方はおそらく3倍よりずっと少ないはずだ[10]。

---

9) 足して1になるケースを，規模に関して収穫一定，1以上を，同じく収穫逓増，1以下を収穫逓減と呼ぶ。収穫逓増では貢献度に応じた分配をすると製品が不足するし，収穫逓減では余りが出ることも数字から理解できよう。

10) 累乗の値の和が1より小さいということは「規模に関して収穫逓減」だから，効用を生み出す貢献度に応じて「分配」すれば余りが生じるはずである。しかし，生産

そして，この人の効用関数の形は，彼の所得をリンゴとガソリンとにどのように配分するのがよいかを指し示しているのである。累乗の値 1/2 と 1/3 とを足し合わせると 5/6 だが，このうち，リンゴの 1/2 とガソリンの 1/3 との割合は 3：2 である。たとえば，この人の月給が 40 万円なら，この比に合わせてリンゴに 24 万円，ガソリンに 16 万円使うのがベストである。このとき，彼の満足は最高になる。

　関数の製品個数に相当するのは，ここでは効用である。それを財の種類ごとに分配する問題はそもそも意味がない。「分配」が必要なのは所得であるが，所得の効用は効用関数の値と全く並行して増減するから，関数が「規模に関して収穫逓減」であろうと「逓増」であろうと，頓着する必要はない。

第5章 ■ヴァイナーと費用理論
Viner, Jacob, 1892－1970

盗人を捕えて縄をなう

"Cost Curves and Supply Curve"（「費用曲線と供給曲線」1929年）

1 シカゴ学派の起源

　現在ノーベル経済学賞を受賞する経済学者の多くがアメリカ人，しかもさらにその多くがシカゴ大学の関係者だと言われる。まさにシカゴ大学こそ現代経済学最高の名門大学だと言っていいだろう。ミシガン湖の南岸に位置する霧の街シカゴが経済学の中心地となるにはいろいろな条件が作用したと言ってよい。まず，シカゴは中西部のアメリカ大平原地帯の中心的な都会であり，農産物が集積されてそこで消費されるだけでなく東部に出荷されていくときの中継地となっていた。現在でも世界有数の取引量を誇るシカゴ商品取引所では，値動きの激しい農産物取引に伴うリスクを分散するために古くから商品先物取引が行なわれてきた。そもそも商品先物取引は農産物にこそ相応しい。農産物は春先から準備をしたとしても収穫できるのは秋である。尤もアメリカの冬小麦は冬期に育成して春に収穫をするが，半年から1年の時間差が生じるのは同じである。そうすると作付面積を決めるときに考えていた小麦の価格と実際に出荷してみた時点での小麦の価格は食い違うのが自然だろう。これは法外な利益をもたらすことがあるのと同時に，農作業に伴う費用をすら回収できない損失を与えることもあり得る。このリスクを回避する，あるいは他の人間と共有するのが商品先物取引だ。農家は商品取引所を

介して，都会の企業や個人と商品先物契約を結ぶ。収穫時点での小麦の価格を作付の段階で決め，それでもって販売する契約を取り交わすのである。これによって法外な利益は望めなくなる一方，損失も生じることはなくなる。このように複雑な経済取引が毎年莫大な規模で行なわれるシカゴの街では，その理論的裏付けを求めて経済学が発達することになった。

しかも，シカゴは五大湖に面する大都会という地の利も兼ね備えていた。現在でも陸上輸送と並ぶどころか，工業原材料など重量の大きい物資の運送では五大湖の海運は欠かせない。この輸送業務は保険や倉庫での保管など大きな金融取引を派生させることになる。シカゴが中西部を代表する工業都市にして金融の中心地となっていくのも自然の与えた必然と言うべきであろう。

以上述べてきたことは，シカゴを経済そして経済学の都とした天と地の条件である。天地人と言うくらい世の中何でもこれに人の条件を欠くわけにはいかない。シカゴ大学には，そこに学派を発生させる個性的でカリスマ的な人物がある時期登場することになる。彼の名はフランク・ナイトである。ナイトは20世紀前半までアメリカの大経済学者としての名を欲しいままにした人であるが，その間口は広く，通常の経済学からその背後にある思想や文明論までをものした人である。この教祖的人物の影響力こそ，シカゴ学派形成の最大の理由であると言っていいだろう。シカゴ学派という名称が有名な一方でこの学派をどう定義付けるか，特に学問的な共通項をどこに求めるかは人によってまちまちである。これもシカゴ学派のゴッド・ファーザー，フランク・ナイト自身の複合的な人間像に由来していると考えていいだろう。[1]

現在，シカゴ学派と言うときには市場の働きを最重要視する最も自由主義的な経済学者集団をイメージすることが多い。しかし，歴史的にシカゴ学派を引っ張った経済学者には明確な社会主義者もいたし，リベラルな考えの持

---

1) フランク・ナイトは現代も読み継がれる著作のなかで，不確実性とリスクの区別を行なっている。ナイトによれば，不確実性とは将来何が起きるか，計算によっては一切数値をはじき出せない無知な状態のことであり，リスクは確率に基づいた計算のできる，コントロール可能な不確定さのことである。同様の考察をナイトと同時代人であるケインズも行なっている。

ち主も多かった。イデオロギーはともかく理論的には共通項があるはずだとお考えかもしれない。しかし，これもなかなか難しい。やはり，ナイト的な懐の広いアマルガムをイメージした方がシカゴ学派の芳醇さを損なわずに済むのである。

2 宗教と経済

　このシカゴ学派を，戦後まで求心力を持って導いた経済学者の一人がジェイコブ・ヴァイナーであった。カナダのケベックに生まれたヴァイナーはナイトより7歳年下だが，1970年，ナイトの2年前に他界している。やはりナイトと同じく間口の広い経済学者であり多くの弟子を育てたから，シカゴ学派の二人目のゴッド・ファーザーと呼んでいいだろう。ヴァイナーはハーバード大学で博士号を取得した後，シカゴ大学に移りそこで長く教授を務めた。アメリカの経済学の名門を二つ梯子したわけである。

　ヴァイナーの業績は大家らしく多岐に渡っているが，初期のころの仕事に独占的競争の先駆的な研究がある。独占的競争の理論を創始したのは通常イギリスのロビンソンとアメリカのチェンバレンと言われている[2]。だが，そこに至る研究には長い歴史があり，アメリカではヴァイナーが独占的競争の理論を準備する仕事をしていた。独占的競争の理論は文字通り独占と競争の中間の状態を扱う枠組みである。独占の場合，企業は自分の生産量でもって価格を動かすことができる。そのため，作りすぎて値崩れを起こし，かえって利益が減ってしまわないように，生産量を控えめにして最大の利潤を追求するのである。このときの利潤を独占利潤と呼ぶ。もちろん独占は経済厚生上決して望ましい事態とは言えない。だが，利潤最大化は企業としての当然の行動だから独占企業を責める前に独占を生み出さない市場環境を確保すべきなのである。

　他方，完全競争と呼ばれる状態では無数と言っていいほど多くの企業が存

---

[2] 彼女らは偶然にも同じ1933年に独占的競争についての著作を出版している。

在することを仮定しているので，自社の生産量は価格に影響を与えることがない。そこで企業は価格を与えられたものとして自分の利潤を最大にするような生産量を決めるのである。これら二つの状況の中間である独占的競争では，企業同士が緩やかな競争を行なっている一方で各企業が自分の顧客を囲っている。チェンバレンによって製品差別化と呼ばれた状況である。同じようなデザイン，同じような性能の自動車でも自分はA社がいいとかB社がいいとか言っている，現実によく見かける事態である。競争している各社が自分の顧客に対しては小さな独占の状態にあると言ってもよい。このとき企業は，あまり値を上げすぎると自分の顧客を他社に奪われるという競争に直面しながらも，むやみに生産を増やすことをせず独占的に生産量を決めていくのである。

　発見者の一つの椅子をイギリスに奪われているとは言え，アメリカにおいて独占的競争の研究が花開いたことには頷ける。アメリカはビッグビジネスの国である。イギリスを中心とするヨーロッパに比べると経済発展のスタートは遅れたが，その分だけ株式会社の制度を活用して大きな企業を作りだし，大量生産と大量消費で勝負してきた。その結果，伝統的にイギリスに見られたように夥しい数の個人企業が競い合うのではなく，少数の寡占企業が市場を分け合いながら競争をする仕方が多くの産業で一般的だったのである。[3]

　アメリカ的と言えば，ヴァイナーが国際貿易について精力的に研究したのはどう評価できるだろうか。アメリカは20世紀の訪れとともに経済大国になったが，国土面積でも大国である。農産物も多く生産されているし地下資源も豊富にある。このことが第2次世界大戦後までアメリカの目を国内の経済問題に集中させることに繋がった。ヨーロッパや日本に比べると貿易に依存する割合が小さくて済んだからである。そして，アメリカが国際的な問題に積極的には取り組まなかったことが戦間期の国際経済を不安定にし，30

---

[3] 独占的競争が現実の経済競争に近い構造を持っていることは現代でも変わりない。そのため，これまでの経済学で経済モデルの根底に完全競争の仮定が置かれてきたのに対して，最近は独占的競争の仮定をベースにしたモデルでの分析が普及してきている。

年代の長期不況とその後の第2次世界大戦を準備したと言われている。

　だから，ヴァイナーが国際貿易の研究を自分の生涯の仕事としたことは先見の明があったと言うか，アメリカ的特徴よりも時代的な特徴を色濃く表わしたものと見ることができる。たとえば，ヴァイナーが提起した有名な議論に，経済ブロックが持つ貿易創出効果と貿易転換効果がある。彼がこの議論をしたころは長期不況を背景にして，宗主国と植民地，そして盟友関係にある国々の間で経済ブロックを作り，域内には低関税，域外に対しては高関税という差別的な貿易を行なう国が多かった。この場合，域内でお互いに関税を引き下げることで，これまで国内で生産していたものを他国から輸入するようになるという貿易を促進していく効果がある。これが貿易創出効果である。だが，経済ブロックの最大の問題は貿易転換効果にある。すぐに分かるようにお互いに域外に対しては高関税を課し合うため，これまで世界の国々と分け隔てなく行なっていた貿易を域内だけでの貿易に転換してしまうことになるのである。こうして世界の貿易がバラバラの諸地域に分断されてしまうと皆が少しずつ高いものを買わなくてはならなくなり迷惑なだけでなく，植民地を持たず諸物資を手に入れられない国々が追い詰められていくことになる。こうして，ドイツや日本の他地域侵攻をきっかけに第2次世界大戦が始まってしまったのであった。

　ヴァイナーによって二つの効果が理論的に指摘されていたにもかかわらず，戦争への道は食い止められなかった。そして，このことは現代を生きる私たちにも他山の石なのである。なぜなら，経済ブロックが持つ二つの効果の議論は，現代の経済統合や自由貿易協定にもそのまま当てはまるからである。自由貿易協定も，関税の撤廃ができる国同士の間でまず自由貿易を実現しようという前向きの姿勢から始まってはいるが，これがいったん結ばれてしまうと協定外の国には関税同盟として作用してしまう。各種の自由貿易協定から排除された後進国にとって，疎外感は計り知れないのである。

　最後に，ヴァイナーが生涯こだわった議論として忘れられないのは宗教と経済学についてのものである。私たち日本人にはピンと来ないこの議論も，アメリカの経済学の発展を考えるときには決して無視できない重要性を持っ

ている。ここでの宗教とはキリスト教のことであり，多種多様の宗教の信者を抱えているとは言え，人口面でも歴史的にもアメリカとキリスト教との繋がりは深い。現在でもキリスト教的な倫理に厳しいアメリカでは，人間関係や経済活動のありとあらゆる側面に隠然とキリスト教精神が生きていると言って間違いないだろう。このため，19世紀，初期の経済学をアメリカに定着させようと努める人々は，キリスト教の倫理と経済学の教えは矛盾しないと説いて一般の人々を説得しようとした。たとえば，勤勉に働き節欲することはよいクリスチャンである条件だが，このことは所得を生み出し資本を蓄積することで経済発展にも繋がっていく。こうしたキリスト教の倫理で粉飾しない限り，19世紀のアメリカでは経済学的な議論を一般の人々が受け入れることはなかったのである。

　20世紀になると，かくまで厳格なキリスト教倫理の支配は弱まっていくが，逆にアメリカ的なビジネス社会が自己増殖してそれ自体の内的な論理が行動規範と受けとめられるようになっていく。シカゴ学派のゴッド・ファーザー，ナイトが仕事をしたのはこうした状況の下であった。彼は従来の蒙昧なキリスト教倫理でもなく，金儲け精神そのままの利殖論理でもない新しい現代精神の支柱を基礎付けようとしていたように思われる。ヴァイナーの宗教と経済についての仕事を見るとき強く感じられるのは，経済学の根底に精神的な深みを見出そうというナイトゆずりのシカゴ学派の伝統なのである。

3　包絡線の理論

　弟子を多く育てたヴァイナーは，学生に仕事を任せて，その結果をチェックしながら指導していくという方法もよくとったようである。そんなある日，ヴァイナーはある学生に，短期の平均費用曲線から長期の平均費用曲線を導くという作業をさせていた。そして，彼は学生に，長期的に見たとき，企業は各時点で費用が一番安いところを選んでいくはずだから，長期の平均費用曲線は短期の平均費用曲線の最低点を結んだものになるはずだと言い残した。だが，しばらくして戻ってきても学生の作業は終わっていない。聞けばどう

しても計算が合わないというのである。どれどれ，と見てみたヴァイナーは自分の直感が間違っていたことに気付く。

そもそも平均費用とは，今年の生産にかかる全ての費用である総費用を生産量で平均したものである。1万個の製品を生産するのに1,000万円かかったのなら，1個あたりの平均費用は1,000円である。そして，生産量を横軸に，この平均費用を縦軸に測ったグラフを描くとUの字型のカーブになる。生産量の増加とともに平均費用は徐々に下がっていくが，ある点で最小値をとった後，今度は生産量とともに増加し始めるのである。こうなる理由は，製品の生産にかかる原材料費や人件費などの可変費が当初から増大していく一方で，減価償却費や支払利子など生産量に左右されない固定費が存在するからである。製品1個に上乗せされる固定費は，生産量が増えれば増えるほど最初は急激に減少するがやがて徐々にしか減少しなくなる。可変費用，固定費用を製品1個ずつ加えた金額は，こうして最初は下がるがやがて上がっていくことになる。

ヴァイナーが学生にしたアドバイスは，企業は選ぼうと思えば平均費用がいちばん安いところを選べるのだから，各年の平均費用曲線をたとえば10年分まとめた長期の平均費用曲線はUの字の最低点を結んでいるはずだ，というものだったのである。ところが，ヴァイナーの最初の直感に反し，短期の平均費用曲線と長期の平均費用曲線との関係は，こうはならない。結論から先に言えば，長期の平均費用曲線は短期の平均費用曲線の包絡線になる。包絡線とは何本かの曲線を外側から包み込む滑らかな曲線のことである。Uの字の曲線が何本か横に並んでいるとき，これを滑らかに包む大きなUの字のカーブを思い描いていただきたい。これが長期の平均費用曲線である。後に理由は述べるが，長期でも平均費用は大きなUの字を描く。そして，ヴァイナーが間違ったため，学生の計算が合わなかった理由を考えてみよう。小さなUの字を滑らかに包む大きなUの字では，小さなUの字の最低点での生産量で比べてみると，大きなUの字はその最低点より必ず下にある。つまり長期では，短期にも増して平均費用を下げることが可能なのである。こういう説明をしていると，そもそも短期，長期とは何だったのかという疑

問が浮かんでくるだろう。次節でもう少し踏みこんだ説明をしながら，経済学における短期と長期の関係にも迫ってみたい。

4　短期と長期

図5に描いたのは平均費用ではなく生産量と総費用との関係である。逆S字型の実線の1本1本が短期総費用曲線である。なぜこのような形の短期総費用曲線が引けるのであろうか。実は短期総費用曲線の1本1本はある工場と機械の設置状況の下での，その企業の生産量と総費用の関係を表わしている。たとえば，今年，どんなにがんばっても2ヵ所しかない工場を4ヵ所に増やすことはできないだろう。それを行なうには今年ではなく，来年，ないし再来年の仕切り直しを待たなければならない。この意味でこれらの総費用曲線は短期なのである。たとえば，スタート地点がいちばん下の短期総費用曲線を例に取ろう。この曲線がスタートしている縦軸上の目盛りも重要な意味を持っている。その高さこそ，固定費用の金額なのである。縦軸上では生産量がゼロである。それでもかかる費用だからこれは減価償却費や支払利子などの固定費用である。ということは，スタート地点が2倍の高さ，3倍の高さにある他の短期総費用曲線は工場数が2倍，3倍のケースに相当することになる。

どの短期総費用曲線も逆S字のカーブを描く。つまり，最初のうちは生産量の増加につれて可変費用の伸びは小さくなっていくが，やがてその伸びが勾配を増していくのである。これは，最初の5,000個の生産までは，生産量を2倍にしても人件費や原材料費など可変費用は1.5倍にしかならないが，それを過ぎると生産量が倍増すると費用は3倍といったことが起きるという話だ。これは工場の操業や機械の稼動には技術的に適正な規模というものがあるということを考えれば素直に理解できる。[4] だだっ広い工場で少数の製品

---

[4] 新製品の生産や従来品の新技術による生産で，生産量が増えていくと平均費用が低下していく現象が見られ，この関係をラーニング・カーブ（習熟曲線）と呼んでいる。これは文字通り，生産に従事する従業員が新製品の生産に熟練したり，新技術に習熟

費用

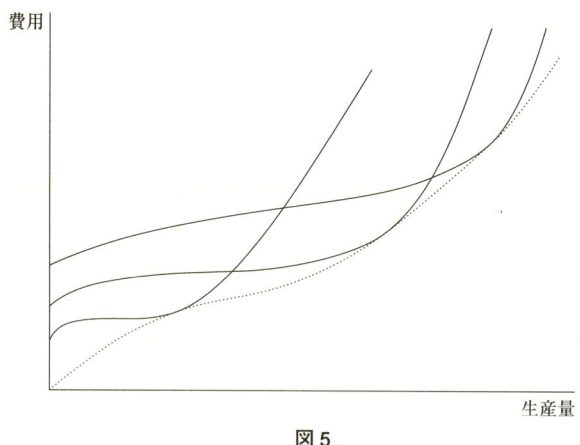

生産量

図5

しか生産しないときには、稼動時間の割には生産が少ないので人件費が嵩むし、機械のスピードもゆっくりで本来の性能を発揮できない。しかし、逆に適正な規模を上回った生産を行なうと、欠陥品が出たり機械の不具合が生じたりでロスが大きくなる。この適正な規模は工場数が増えれば増えるほど大きな生産量になるから、短期費用曲線は上からスタートするものほど勾配の緩やかになり方が遅く、その代わり、勾配が急になるのも遅い。これで短期費用曲線が図5のように描かれている意味がお分かりいただけただろうか。

これを様々な工場数やその工場に設置される機械の規模で考えれば、ほとんど無数の短期総費用曲線が描けるはずである。それらが無数に図5上に描かれている様子を想像してみていただきたい。それらの曲線群の下に、お正月のあぶり出しのような幻の曲線が現われてきたのではないだろうか。図5ではこの幻の曲線を点線で描いたが、これが長期総費用曲線である。面白いことに、これも緩やかな逆S字型になる。だから、企業の経営者が実際

したりすることで起きる現象である。これを技術的な可変費用の低下と混同してはならない。ラーニング・カーブが表わす関係は、スタート地点を軸に短期総費用曲線全体が低下する状況のことである。その証拠に、全ての工場の従業員が作業に習熟してしまえばもはやラーニング・カーブの関係は見られず、後に残るのは技術的な平均費用の低下だけである。

に直面するのは常に短期総費用曲線だということだ。なぜなら，彼は今年存在する工場と機械で操業をせざるを得ないからである。しかし，長期総費用曲線が無意味かと言えばそんなことは全くない。それどころか，企業経営には死活的な重要さを持つ。なぜなら，自分の会社がどれだけの工場を持ちどれだけの機械を設置すべきかは，長期総費用曲線の関係を見なければ分からないからである。たとえば，その最適な工場数が6ヵ所だとしよう。ところが，現実にはこの会社の所有する工場数は3ヵ所である。それなら，この経営者は投資計画を立てて資金繰りを始め，できるだけ早くあと3ヵ所の工場を建設しなければならないのである。

　ヴァイナーの間違えた平均費用は，図5ではどのように表わされるのだろう。何度も繰り返すが平均費用は総費用を生産量で割ったものである。つまり，図5の縦軸の値を横軸の値で割った勾配が平均費用に他ならない。たとえば，その企業の工場数を表わす短期総費用曲線のある一点に向かって，原点から直線を引いてその勾配を測ればそれが平均費用である。どれかの短期総費用曲線上を右側に移動しながら，この勾配の変化を見てみよう。すると，徐々に勾配が減りながら，原点とを結ぶ直線が曲線に接するときに最低になり，それからは逆に増えていくことが分かる。これを縦軸が平均費用の図に測りなおせば，生産量とともにUの字型に増減することが理解できる。そして，ここで重要なのは原点からの直線が接する点の生産量が，一般に短期総費用曲線と長期総費用曲線では違うということである。短期総費用曲線に原点からの直線が接する点の生産量では，必ず長期総費用曲線が短期総費用曲線の下を通っていることが図に直線を引いてもらえれば確認できる。こうして，長期平均費用曲線は短期平均費用曲線の最低点を結んだものではなく，総費用曲線のケースと同じく，短期平均費用曲線の包絡線になっていることが理解できるのである。融通のきく長期のほうが，短期の制約のなかで右往左往

---

5) 19世紀末の大経済学者マーシャルは，短期平均費用曲線の最低点を結んだ曲線を長期平均費用曲線と定義した。彼も間違ったのだろうか。実は違う。マーシャルが短期平均費用曲線と呼んでいるのは，その時代の企業の平均的な費用構造を持つ「平均企業」の平均費用曲線のことであり，技術水準が時代とともに不連続に変化すればマ

しているよりも，より低いコストで生産できるということが分かるであろう。

5　費用と生産

逆S字型のカーブを数式で表わすのには3次関数を使うのが便利である。ある企業の工場長が生産量と総費用との関係を，データを使って次のように導いたとしよう。

(総費用) = (生産量)^3 - 600×(生産量)^2 + 100,000×(生産量) + 2,000,000

一見複雑な式だが，これが見事に逆S字のカーブを描く。また，生産量に関係のない費用要因として200万円があることが式から分かるが，これが固定費用の額に他ならない。

この式を生産量で割れば平均費用が出てくる。

(平均費用) = (生産量)^2 - 600×(生産量) + 100,000 + 2,000,000/(生産量)

さらにこの式の前半部，つまり，固定費用を除く可変費用の部分を生産量で平均したものを平均可変費用と呼ぶ。さらに説明の関係上，平均可変費用を平方完成，すなわち無理やり括弧の自乗というかたちになおした式も一緒に書いておく。

$$(平均可変費用) = (生産量)^2 - 600×(生産量) + 100,000$$
$$= \{(生産量) - 300\}^2 + 10,000$$

ーシャルの短期平均費用曲線も不連続に移動する。マーシャルはそれぞれの最低点を結ぶ曲線で，技術水準の移動を表わそうとしたのである。現代経済学で考える，ある技術水準の下での様々な工場規模という連続的な関係とは，分析目的も内容も全く異質のものと考えるべきだろう。

式の最後の形は，生産量が300個になったときに可変費用だけの平均が製品1個あたり1万円であることを表わしている。だから，この300個を1個1万円で販売しても固定費用の分だけ丸っきりの赤字が出る。ただし，人件費や原材料費は賄えるということだ。実は製品の価格がこの状態になったとき，企業は操業停止点にあると言う。これより価格が下がればいかなる意味でも企業は生産を継続する意味がなくなるからだ。赤字が出始める価格はこれより手前にあり，損益分岐点と呼ばれるその時点で，企業は300個よりは多くの製品を生産している。赤字が出ても人件費や原材料費など可変費用を賄える限り企業が生産を続けるのは，生産をやめても固定費用を払い続ける必要があるからだ。固定費用の内訳をなす支払利子は，工場を建設し機械を購入したときに資金を借り入れた相手に払い続けなければならない。減価償却費は借り入れた資金の返済元本にあたるお金の積立に充てられる。これも生産をやめたところで免除してもらえるものではないのである。[6]

---

[6] 生産を停止したあとの工場を機械ごと売り払うことができれば，損益分岐点で生産を停止できるではないかと言うかもしれない。工場と機械が価値通りの値段で売れればその通りである。しかし，通常，その業種がうまくいっていない状況では，買い手を探すことすら難しいだろう。このように生産をやめると，工場や機械に残存している価値は全く失われてしまうのであり，この損失のことを埋没費用（サンク・コスト）と呼んでいる。サンク・コストがあると不況業種や斜陽業種からなかなか撤退ができず，資源が固定されてしまうという問題が起こる。このようにこれまでの状況をやめられない現象は経済では時々見られるのであり，ヒステレシス効果（履歴効果）と呼ばれて現在盛んに研究されている。

第6章 ■ロバートソンと利子理論
Robertson, Denis Holme, 1890-1963

金は天下の回りもの

Banking Policy and the Price Level（『銀行政策と物価水準』1926年）

1 サラブレッドの悲哀

　経済学の名門中の名門，ケンブリッジ大学には口伝があるという。文字通りオーラル・トラディションの名で呼ばれるこの口伝は，代々ケンブリッジ大学の正統な後継者に伝えられるものであり，貨幣数量説に関するものだとされる。¹⁾ケンブリッジ学派は20世紀初めの経済学研究の中心として，戦後，

---

1) 貨幣数量説とは物価が貨幣の数量に比例して決まるという考え方であり，経済学の歴史とともに古くから伝えられている。近代的な貨幣数量説はアメリカのフィッシャーによって交換方程式のかたちにまとめられた。交換方程式は下記のようなものである。

　　　　　　（貨幣量）×（貨幣の流通速度）＝（物価水準）×（財の取引量）

　貨幣の流通速度はある貨幣が1年に何回取引を媒介するかを示すから，この方程式は1年間の取引価額の合計をイコールで結んだものである。貨幣の媒介する取引金額である左辺が財の取引金額である右辺に等しいことを主張している。この世の中で，貨幣に媒介されない取引はないから，実はこれは会計的にいつも成り立つ恒等式である。フィッシャーは貨幣の流通速度が技術的に決まっており，財の取引量が実体経済から貨幣に無関係に決まるとして，この恒等式を貨幣量が物価水準を決める方程式と読んだのである。

　これに対して，同じころケンブリッジでまとめられた貨幣数量説の公式は下の形を

第6章 金は天下の回りもの

その中心が大西洋を越えてアメリカに移ったことが誰の目にも明らかになるまでその権威を誇っていた。この学派は大経済学者マーシャルに始まるものだが、彼はイギリス経済学の伝統を大切にしながら新しい考え方を取り入れ、総合的な経済学の体系を初めて作り上げた。研究者として極めて禁欲的に仕事に打ち込む一方で、厳しいながらも深い愛情を持って弟子を育成するマーシャルの姿勢は、自然と多くの研究者をケンブリッジの地に集め、一大学派を形成することになった。

ケンブリッジ大学は歴史のある大学である。実はケンブリッジ・ユニバーシティは経営体としては一つでなく、ロンドン郊外のケンブリッジ市に点在するカレッジの総称である。この大学の学生はイギリスの文化、政治、経済面でのエリートと目され、少数精鋭の全寮制教育で伝統が先輩から後輩へと受け継がれてきた。教員側の身分制度も旧来のものを残しており、アメリカや日本とは違う教授のポストは極めて少ない。ケンブリッジ大学の教授は他の身分であるテューターやリーダー、フェローとは格段に違う権威を持っている。大学の先生がたいてい教授であるアメリカや日本とはずいぶんと違うのである。

していた。

$$(貨幣の実質残高) = k \times (実質国民所得)$$

ケンブリッジ方程式と呼ばれるこの式で、実質国民所得は財の取引によって生まれる国民の所得合計である。貨幣の実質残高は国民の懐、ないし市中にある貨幣の使い勝手で見た正味の量であり、貨幣量を物価水準で割ったものに等しい。上下の方程式を見比べて貨幣の流通速度の逆数をkと置き換えれば、同じ関係を示していることが分かる。定数kは「マーシャルのk」と今でも呼び慣わされているものであり、国民が年間所得のどれだけを貨幣のかたちで貯蓄するかの割合と解釈することができる。

フィッシャーの交換方程式は貨幣を取引の媒介手段と見ているのに比べ、ケンブリッジ方程式は貯蔵対象と見ている点が対照的だ。このあたりの異同がケンブリッジの口伝の対象ともなっているらしい。ちなみに、ピグーたちが、実質国民所得が貨幣と無関係に決まると物価が調整されてそのk倍の実質残高が生み出されると見ているのに対し、ケインズは、物価を一定として貨幣の実質残高が与えられるとそのk分の1だけの実質国民所得が生み出されると見る。半ば冗談だが、ケンブリッジの正統ではないケインズには口伝は伝えられなかったのだろうか。

ケンブリッジ大学の経済学教授職は，マーシャルの後，セシル・ピグー，そして，デニス・ホーム・ロバートソンへと受け継がれた。つまり，この系譜がケンブリッジ学派の正統ということである。ケンブリッジと言えば20世紀を代表する経済学者ケインズが育ち教えた大学だが，彼はどこに位置するのだろう。実は，ケインズはその学者としての生涯を，教授になることなく一カレッジのフェローとして終えた。一般読者には意外であろうが，これが学者の世界である。尤も，ケインズは政府のブレーン，国際会議代表，証券会社の重役，芸術振興事業のパトロンとしての仕事をこなしていたから，その人生に悔いなどないだろう。むしろ，1946年に没する際の死因は過労死としてもおかしくないくらいである。若いころから反道徳主義者，権威の破壊者を自認していたケインズに，イギリスの学界はそれに相応しい処遇を与えたということでもあろう。

ケインズは自らの新しい経済理論を衝撃的にデビューさせるために，19世紀初めのリカードからマーシャル，そして，自らの1歳年上の兄弟子であったピグーまでを名指しで古典派と呼んだ。マーシャル達のケンブリッジ学派を，敬意を込めて新古典派と呼ぶことは当時既にあったから，あえて新を取った古典派と呼んだのは，露骨に「あんた達はもう古い」という意味である。この扱いにマーシャルを敬愛するピグーは激怒した。彼はケインズを「（マーシャルという）月に矢を射る夢想家」と呼び，激しく批判したのである。2人の関係は生涯修復されなかったと言ってよい。

これに比べると，ピグーから経済学教授職を譲られることになるロバートソンの対応は，ケインズより年下だったこともあって穏当なものだった。ケインズの，大胆で斬新だがデフォルメの効き過ぎたところもある言説をやんわりとたしなめるような批判を行ない，ケインズも一部それらを受け入れた。ロバートソンは1890年にイギリスはサフォーク州のロウストフトという町に生まれ，1963年までの天寿を全うしている。彼の学説は毛並みのよいサラブレッドに相応しく，バランスがとれた穏健なものである。それでいて貨幣的な要因が景気変動を引き起こすメカニズムを明らかにしようという志向もはっきりしている。しかし，本国イギリスではある時期まで一定の影響力

を持った彼の理論は，アメリカを中心に政策の理論として覇を唱えたケインズ理論の陰で忘れ去られていく運命にあったのである。

2 貸付資金説の成立

　利子とは何か，利子率はどうやって決まるのか，という問題は古くから論じられてきたが，20世紀に入るとそれを経済学の全体系のなかで形式的に整理してまとめようという機運が出てくる。すぐに思い付かれるのは，利子とはお金の貸し借りの対価であるから何かを売買した価格として解釈できないかということである。なぜお金の貸し借りが成り立つかと言えば，一方にある期間使うあてのないお金を持っている人がいて，他方にある一定期間後に手に入る金額のお金をどうしても今使いたい人がいるからである。これは，一定期間という期限付きでお金を用立てるサービスを売買していると見ることができる。利子の支払，受取とは，そうしたサービスの対価の授受なのである。このときに一定期間，貸し付けられるお金のことを貸付資金，ないしは単に資金と呼ぶ。ここから，資金の価格である利子率は資金の需要と供給を満たすように定まるという貸付資金説が導かれる。こうした貸付資金説は，第3章で見たオーリンやドイツからアメリカに渡ったハーバラーによってまとめられ，ロバートソンが完成したのであった。

　図6の左側が貸付資金説による利子率の決定を表わしている。右下がりの資金への需要を表わす曲線と右上がりの資金の供給を表わす曲線の交点で，利子率と資金の貸借量が決まる。経済を見回してみるとこうした資金の流れは，家計から企業へと向いていることが分かる。家計は所得から毎日の生活に必要な支出をした残りを万が一の場合や将来に備えて貯蓄する。毎年の所得ほどに消費を行なわず，差額を貯蓄する家計は黒字主体と呼ばれる。他方，事業を行なっていて経営規模を拡大すれば収益の増加が見込める企業は，資金を借り入れて工場の建設や機械の購入などの投資を行なう。資金を常に必要としている企業は赤字主体と呼ばれる。黒字主体である家計から赤字主体である企業へと，利子率を目安として資金が受け渡される仕組みが金融市場

図6

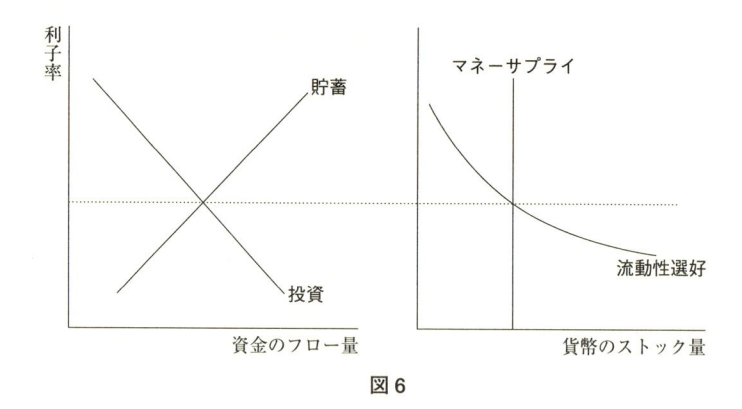

である。図6の左側は金融市場を図示したものと言える。資金の貸借を仲介したり自らが運用したりして金融市場の形成に一役買っているのが、銀行や証券会社などの金融機関であることは言うまでもない。

図6の左側にも書き込んだように、資金の供給は貯蓄であり、資金の需要は投資である。このことから、それぞれの曲線が右上がり、右下がりになっている理由が理解できる[2]。貯蓄する主体である家計は、資金を提供するときに利子という対価を得たいと思っている。なぜなら、資金を貸し付ければその分、現在の消費をあきらめなければならないが、人は同じ金額を消費するのでも現在の方が将来よりも望ましいと考える傾向があるからだ。また、経済が毎年成長していれば、今年より来年の所得が大きいはずだから、それだけでも、今年貸したより大きい金額を来年返してもらう必要が出てくる。こういう傾向を持つ多くの人々がたくさんの資金を出すためには、資金を出す量が少ないときよりも大きな対価を要求できなければならない。貸し渋っている人からも出してもらわないといけないからだ。こうして資金供給は右上がりの曲線になる。

逆に、投資のために資金を借り入れる企業にとって、利子率は対価として

---

[2] 貸付資金説は需要曲線、供給曲線で利子率の決定を整理してみせただけの形式的な理論である。このため、内容を解釈しない限り実質的な意味を持たない。逆に、そのことが実質的な議論に遅れて貸付資金説が整備された理由でもある。

払える額を意味する。企業が資金を借り入れて事業を拡大するのは，その投資がもたらす利益の増加を見込んでのことだ。儲かる投資プロジェクトには限りがあるから，投資の金額，したがって借入の金額が増えていくほどに，だんだん儲からない投資プロジェクトまで実施されていくことになる。投資のもたらす利益の投資額に対する比率が下がれば，企業の払い得る利子率も下がっていく。こうして資金需要は右下がりの曲線になる。

　ここで，資金が今年の所得のうち，家計から企業へと貸し出されていく部分だということに着目してもらいたい。所得が1年間かけて徐々に家計にもたらされるように，資金の貸借も1年間かけて徐々に行なわれるのだ。図6の左側はこうした1年間の資金の流れを表わすものであり，フロー量による利子率決定の考え方ということができる。経済学では，このようにある期間のお金の流れを合計したものをフロー量と呼び，ある時点での存在量であるストック量と区別する。ケインズが新たに提起した流動性選好説は，資金ではなく現金や預金といった貨幣そのものの存在量で利子率決定を説明する考え方であった。両説の最も外見的な違いはここにある。

3　流動性選好説との重なりと分岐

　図6の右側がケインズの流動性選好説を示している。この言葉，「リクイディティー・プリファレンス」自体がケインズの造語であり，以来経済学ではリクイディティー，つまり流動性が金回りのよさを示す用語となった。現金と預金からなる貨幣には，他の金融商品とは決定的に異なる特徴がある。それでものが買えるということである。株券や債券ではものが買えない。証券の形態で蓄えたお金でものを買おうと思えば，いったん貨幣に換金する必要がある。もちろん，土地や工場と引き換えに高級自動車を売ってくれといってもダメである。証券に比べても一層換金に手間がかかるであろう，それら現物を売り払って貨幣にしなければならない。このように，貨幣以外のかたちで蓄えているお金を貨幣に転換するときの容易さを，ケインズは流動性と定義する。土地や工場などの現物に比べると証券ははるかに換金しやすい

が，投資信託や定期預金に比べると換金は難しい。後者の方が，流動性が高いのである。投資信託のなかでもMMFは特に流動性が高いという具合に使える。また，この意味で貨幣は流動性そのものである。[3]

ケインズの観察によれば，流動性が低い，したがって貨幣から遠い実物資産，金融資産ほど収益率が大きくなっている。これは確かに頷ける内容である。預金一つをとっても，期限付きでお金が拘束される定期預金の方が普通預金よりも金利はいい。ケインズはこの事実から，利子とは流動性を手放すことへの報酬であるという新しい利子解釈を展開する。誰でも手許に置いておきたいと思う貨幣を一定期間手放して他人に委ねるのだから，当然報酬をもらう権利があり，これが利子だというのだ。これに対応させて言えば，従来の貸付資金説の利子観は耐忍説というもので，利子はお金を使ってする現在の消費を将来まで辛抱した見返りというものである。一見よく似ているが全く違うものであることを確認してもらいたい。

第一，図6の左右を比べてみればわかるように，利子率を決定する場面が全く違う。ケインズの流動性選好説は貨幣のストック量をやり取りする市場で利子率が決定されるとするのだ。今年1年間を大掴みで見た場合，中央銀行の発行している現金，そして，それから派生する預金からなるマネーサプライは一定の大きさと考えられる。図6右側の垂直な直線が横軸と交わる目盛りが今年のマネーサプライである。一方，人々が貨幣を保有したいと思う気持ちである流動性選好は，利子率が低ければ低いほど大きなものになるだろう。利子率が低ければ，大切な貨幣を手放しても得られる報酬が少な

---

3) 預金を取り崩せばお金はあるのだが，今手許に現金がないのでものが買えないということがある。企業でも来月になれば入金があるが，今月は手許のお金では原材料が仕入れられないということがあるだろう。こうした事態を流動性制約と呼んでいる。この場合，個人は消費者金融から借入をするし，企業は手形などの信用売買に頼るであろう。お金の貸し借りでも特に短期のものは流動性制約を解除するために行なわれていると考えられる。最近，企業会計でキャッシュフローが重要視されるようになったのも，企業に収益をあげる能力があっても流動性制約のために倒産することが増えているためである。純資産の大きさや可能性としての利益の大きさよりも，手許にどれだけ当座の現金があるかが重要な局面があるということである。

いからである。こうして流動性選好は右下がりの曲線で表わされる。貨幣ストックの需要と供給とを表わす両者が交わるところで今年の利子率は決定する。

図6では貸付資金説と流動性選好説を並べ，それぞれの考え方で決定される利子率がちょうど等しいときを示した。両説に理があるなら，現実の利子率は一つしかないのだから，こうした状態が成り立っているはずである。イギリスの経済学者ヒックスはこの点を捉えて，二つの説は経済のバランスを別な側面から見たものであり両立し得るとした。昨年までの蓄えと今年の所得を併せたものを考えたとき，人々は来年に向けてそれらをどう処分しようとするだろうか。選択肢は三つしかあるまい。ものを買って使うか，株券などの資産に投資するか，あるいは現金で持つかである。経済学らしく言えば，この世の中には財市場と証券市場，そして貨幣市場の三つが存在するのみだ。もし財市場でバランスが成り立っていれば，残る市場は二つ。証券市場でバランスが成り立っていれば，貨幣市場は必ずバランスしているし，貨幣市場でバランスが成り立っていれば，証券市場もバランスしているはずである。証券市場の需給が一致していれば，その裏側にある資金の市場での需給も一致していることになる。つまり，経済が均衡の状態にあるときには，ちょうど図6で示したように貸付資金説と流動性選好説が指し示す利子率は同一のものとなる。

それでは，経済の均衡がまだ調整過程で，貸付資金説の指し示す利子率と流動性選好説の指し示す利子率とが異なっていたらどうだろう。貸付資金説の利子率が流動性選好説の利子率より高く，実際の利子率がその中間にあれば，資金市場には超過需要が，貨幣市場には超過供給がある。このとき，利子率は上昇するのか下落するのか判別ができない。逆の状況なら，資金市場に超過供給が，貨幣市場に超過需要があるわけで，これまた両説が指し示す利子率変化の方向は逆である。

4 流動性選好説の真の位置

ケインズの弟子であり,師の考え方に基づいた景気変動の理論を作り上げたロイ・ハロッドも,利子率決定の理論については貸付資金説を支持し,流動性選好説を生涯認めなかった。ロバートソンはうまい喩えで,貸付資金説に比べた流動性選好説の珍妙さを際立たせる。子供が学校でかけっこに勝ち,ご褒美のミカンをもらって帰ってきた。迎えた母親が,「よくリンゴではなくミカンをもらってきたわねえ。」と言って誉めるだろうか。どんな母親もかけっこにがんばって勝ったことを誉めるはずである。貸付資金説は消費をしないで貯蓄をしたことの報酬として利子が与えられる構図になっている。これに対し,流動性選好説は貯蓄の額を前提に,その貯蓄を貨幣で行なうのか証券購入等の貸付や実物資産の蓄積で行なうのかの違いが利子を生むとしているのである。かけっこに勝つか負けるかではなく,ミカンを選ぶかリンゴを選ぶかが重要なのだ。

しかも,この違いは重要であり,ケインズの理論体系全体の根幹に関わる。図6の左の貸付資金説でなぜ利子率が定まるかと言えば,資金の需要と供給がともに利子率に影響を受けるからである。需要と供給のどちらか片方では定まらない利子率が,両方を一致させるように一つに定まるのだ。ケインズの考えでは投資は利子率を見て決められるが,貯蓄は利子率には依存せず所得がどれだけかだけで決まる。したがって,貸付資金説のように投資と貯蓄が一致する条件として利子率を定めることができない。ここに,流動性選好説が導入される。貨幣の需給で利子率が定まると,この利子率のときの投資額に等しい貯蓄が生み出されるように所得が定まる。ケインズの考えでは,図6の左側にある貯蓄の曲線は垂直になり,右側の関係が指し示す利子率と等しいところで左側の交点が定まるようにその垂直な直線が動くのである。[4]

---

4) より正確には両図の背後で国民の所得合計が動いて,左右の利子率を一致させる。所得合計が増減すれば,右図の流動性選好の曲線もそれぞれ右左に動くからである。反対に貸付資金説にはケインズの流動性選好の考え方がないので,図6の左図で流

こうして，ケインズの理論は，国民所得の増減，つまり景気の変動をダイレクトに説明する考え方になり得たのであった。しかし，この考え方の根幹には，人が消費を調整して貯蓄を増減させることはまれであり，景気の上下による所得の変化に受動的に反応しているだけだという見方がある。確かに，国民の多くが生きるためにかつかつの生活をしているときは，利子率を見て有利さを判断し，貯蓄を変化させることなどなかったであろう。だが，現代では，たとえ不景気であっても国民には昔に比べて生活の余裕がある。利子率が高ければ貯蓄を増やそうか，低ければ貯蓄を減らそうかという判断が皆無とは言いきれないだろう。だとすれば，貸付資金説によって利子率が決まる関係が成り立ち得るのである。

　この意味で，今も昔も，利子率のベースを説明する考え方は貸付資金説を措いてほかにはないと言わざるを得ない。そして，利子率のベースのより深い意味については第10章で取り上げることにしよう。流動性選好説は，利子率のベースへの上乗せ分を説明するための，貸付資金説を補完する理論と考えるのが適当なのである。ベースとなる利子率への上乗せのことをプレミアムと呼ぶ。

　通常，利子率のプレミアムと言えばリスク・プレミアムである。たとえば，株券の収益率は平均で見て債券の収益率より高い。ある企業の株券の収益率が平均8％，債券のそれが4％であれば，差の4％がリスク・プレミアムである。リスク・プレミアムが発生するのは，債券の利子が確定されているのに対して，株券からの利益は年によって変動するからだ。配当は当該年度の企業の業績や配当政策次第だし，値上り益を期待しても株価は上がるときばかりではない。だから，平均収益率8％は，ある年は4％，ある年は12％の利益を均したものに過ぎない。人々はこうした不確実さを嫌う。そのため，利益が不確実な投資にはより高い収益率を要求するのが当然なのである。

　企業サイドから見ても，業績はどうしても不確実であるから，投資からの

動性選好の曲線が垂直な直線となり，常にマネーサプライの直線と重なる。貨幣への需要が増減してもその分，物価が上下して打ち消すので名目的な貨幣需要が変わることがないからである。

収益率も高めのものを考えておかないと，借入の利子を支払えないことになりかねない。こうして，経済の不透明さがひどい状況では，たとえ利子率が同じであっても投資の金額は減ってしまうのである。

　これと一見よく似ているが，全く異なるものが流動性プレミアムである。人は普通預金よりも定期預金，MMFよりも通常の投資信託により高い利子率を要求する。確実さ，不確実さに違いのないこれら金融商品の金利差はどこから来るのであろう。それは換金のしやすさの違いである。ケインズの言葉を使えば，換金がしやすいことは流動性が高いことであり，流動性が低い投資への金利の上乗せ分のことは流動性プレミアムと呼ばれる。この流動性プレミアムは何が根拠になって発生するのだろう。ちょっと考えれば，換金のために店舗に出向く手間や費用，換金を申し込んでからお金を手にするまでの待ち時間が理由のように感じられる。しかし，実際には3年間，換金して使う当てがないお金でも，定期に預けるよりは普通預金や現金で手近に置いた方が何となく安心であろう。この辺りの関係が流動性プレミアムを生んでいると考えられるのだ。これは，漠然とした将来不安に基づくプレミアムであり，経済に活気が失われたときに大きくなると思われる。[5]

　ケインズは長期不況状態にあった当時のイギリスの高金利が諸悪の根源と見て，流動性プレミアムを低くして投資を増加，経済を活性化する政策を提起したのである。ケインズは金利生活者階層の貨幣欲が不景気を生じさせていると非難した。これは図6の右図から明らかなようにマネーサプライを増やすことによって達成できる。マネーサプライを増やせば図の右の方でベースとなる利子率近くまで利子率が下がり，その分，投資が増える。しかし，

---

5) ケインズは若いころに書いた『確率論』（『蓋然性論』とも）のなかで，既に後年，経済学者として展開する流動性の考え方の萌芽を示している。彼は将来が不確実であるとき，人々が頼りにする確率の他に，「論証の重み」という要因を重視する。これは確率に基づく予測を当の本人がどれだけ信用するかという度合である。どの頻度で起きるか分からない事態が5つあるとき，普通1/5ずつの確率を付与するが，これをまともに信じる人はいないだろう。ケインズの言う「論証の重み」が低いときには人々は決断や行動を躊躇せざるを得ない。確率の要因がリスク・プレムアムに該当するなら，「論証の重み」は後に流動性プレミアムとして具体化される。

図でも若干そうなっているように，流動性プレミアムは一定の水準まで下がるとどんなにマネーサプライを増やしても下がらなくなる。これはケインズが「流動性の罠」と呼んだ状態である。この状態でマネーサプライを増やしても人々の流動性選好が旺盛過ぎて，利子率，物価ともに変化しない。

もっとまずいのは，利子率を政策的にベースの水準を割り込むまで下げて固定することである。ベースとなる利子率は経済のもっと深いところで決まるから，利子率を低すぎる水準に固定すると物価下落，つまりデフレを進行させることになる。これは一般や政府の理解が大きく間違っている点である。実際の利子率と名目的な利子率，そして，物価上昇率の3者の間には以下の関係がある。

$$(実質利子率) = (名目利子率) - (物価上昇率)$$

利子率のベースを意味する実質利子率よりも政策的に固定された名目利子率が低ければ，その差を埋めるように物価上昇率がマイナスの値をとらなければならない。こうしてデフレが起こる。利子率は下げ過ぎてもならないのである。

5 単利と複利

利子率には単利と複利とがある。単利では毎年元本に利子率を掛けた分だけの利子が付くが，利子をそのまま預け続けても利子に利子が付くことがない。これに対して，複利の場合，元本と利子を合計したものにさらに利子が付き，期間ごとに$(1+利子率)$の倍率で元利合計が膨らんでいく。

後者の方が貸し手にとっては有利だが，利子率が大きくない場合，両者の差はさほどではない。たとえば，利子率が3％であるとしよう。毎年，利子が付くとして単利と複利のそれぞれで2年間100万円を運用した場合の元利合計を考えてみよう。単利の場合，100万円 × $(1+0.03+0.03)$であるから2年後には106万円になる。複利の場合，100万円 × $(1+0.03)$ × $(1+0.03)$で

あるから，106万900円である。両者の違いは昼御飯代程度にしかならない。これは複利と単利の倍率が0.03を二乗した0.0009しか違わないからであり，無視できる大きさになってしまうからだ。

　したがって，5年後の元利合計を計算するときも，1.03を5乗するより，手っ取り早く3％の5倍である0.15を足し合わせて1.15を掛けた方が早い。1年未満の貸し借りの利子率を短期金利，1年を超える貸し借りの利子率を長期金利と言うが，異なる期間の貸付の金利はこうした関係で結びついている。1年の金利が3％ならば，5年の期限でお金を貸したときの金利も年利では3％になる。短期金利と長期金利が食い違うのは，将来の短期金利が上昇，あるいは下落すると皆が予測しているからだ。短期金利が今年以後の5年間，3％，3％，4％，5％，5％と上昇していくことが予測されれば，今年の長期金利はこれらの平均で4％になる。長期金利が短期金利より低いことが稀にあり，これを「長短金利の逆転」と特別視するが，将来の短期金利が下がっていくことが予測されていれば，当然のことであり驚くにはあたらない。

　そうは言っても，運用の期間が10年，20年と長くなっていけば，単利と複利の差は大きくなる。塵も積もれば山となるわけで，昼御飯代程度の差が無視できない大きさになっていくからである。これは，利子を元本に繰り込む回数が大きくなるから起きることで，運用期間が長くなくても複利を適用する期間が短くなれば違いが大きくなる。1年複利よりは半年複利の方が有利なのである。

　それでは，半年複利から3ヵ月複利，1ヵ月複利，半月複利，1週間複利，といった具合に，複利を適用する期間がどんどん短くなればますます有利になるのだろうか。これはそうともいえない。年利が同じであれば，複利の適用期間が短くなるにつれて，適用される期間金利が小さくなるからである。1年複利のとき3％の金利なら，半年複利で適用される金利は半分の1.5％

---

6)　金利はとにかく1年の金利に直して表現することになっており，これを年利と言う。5年物国債の利回りが3％ならば，償還までに利子は合計で元本の15％分だけ付く。

である。

　100万円を年率10％の複利計算で10年間運用することを考えよう。1年複利なら元本に1.1を10回掛けることになる。10年後には約259万円である。これが半年複利ならば、元本に1.05を20回掛ける。10年後の元利合計は約265万円である。3ヵ月複利ならば、1.025を40回掛ける。元利合計は約269万円である。これらの数字を見ると徐々に増えてはいくが、どうもある値に収斂しそうである。それは、上に述べたように、元利合計を大きくする要因と小さくする要因とがともに働いているからだ。適用する期間を1日、1時間、1分、1秒と無限に小さくしていくというフィクションをやってみると、10年後の元利合計が約272万円に落ち着くことが知られている。これは実は、下の計算で求められる値である。

$$（元本100万円）\times（定数 2.72）^{（利子率0.1）\times（運用期間10年）}$$

　定数2.72は、実際には円周率3.14のように無限に規則性なく続く無理数であり、「自然対数の底」といういかめしい名前で呼ばれる。私はアルファベットのeで示されるこの値を「瞬間複利常数」という経済学らしい名前で呼んだ方がいいと思っている。それくらい経済学には重要な値なのだから。[7]

7）　利子率がそれほど大きくなければ、次の式が近似的に成り立つ。

$$(1+利子率)^t = 2.72^{利子率 \times t}$$

しかも、この式の右辺が時間tとともに増えていくスピードは、右辺そのものを利子率倍したものに等しい。さらにそのスピードが増えていくスピードも、さらにそれを利子率倍したものと等しいという際立った特徴を持つ。このため、経済学では一定の率で増加したり減少したりする現象を扱うときには、この値を好んで用いるのである。

第7章 ■トービンと投資理論
Tobin, James, 1918−2002

二兎を追う者は一兎をも得ず

"Liquidity Preference as Behavior towards Risk"
(「リスク回避行動としての流動性選好」1958 年)

1 オールド・ケインジアン

　ジェームズ・トービンは2002年の春に没するまで，アメリカのケインジアンの代表的論客としておしもおされぬ地位を占めてきた。1970年代以降，多くのマクロ経済学者が，マネタリストや合理的期待学派といった新古典派マクロ経済学の潮流に鞍替えしていくなかで，彼は一貫してそれらを批判し，ケインズ派の伝統を守り続けた。彼自身の言葉で言うと，トービンは「最後のケインジアン」なのである。

　1970年代，アメリカをはじめ先進各国が不況とインフレの共存というスタグフレーション現象に襲われると，権威を失墜したケインジアンに代わってフリードマンを棟梁とするマネタリズムが台頭してくる。これに敢然と戦いを挑み，ケインズ派の真髄を指し示し続けたのがトービンであった。緻密な研究態度や穏やかな物腰からは想像できない，内に秘めた激しさもまたトービンの持ち味であった。

　新古典派マクロ経済学は，総体として，市場の働きや賃金の速やかな調整を想定し，景気変動がさしたる問題ではないと言おうとする。ケインジアンが，一刻も早く失業を解消し，不景気から抜け出そうと悲壮なまでに尽力するのと対照的である。トービンは，新古典派マクロ経済学のこうした態度を，

次のように厳しく批判する。夜道で落し物をした人が，明るい街灯の下だけを探していたら，みな彼を愚か者と言うだろう。暗闇のなかを手探りでも探す必要があるのだと。トービンはこう言って，フリードマンのマネタリズムはもちろん，彼が「マネタリズム2号」と茶化した合理的期待学派に論争を挑んだのである。

トービンは1918年，イリノイ州に生まれた。ハーバード大学に学んだ彼は，ケインジアンのなかでも理論家肌の学者として頭角を現わしていく。研究者としてのトービンの歩みには一貫したものがあり，若いころの経済成長理論の研究から50年代の貨幣や資産の理論的研究，そして，両者を集大成した60年代の投資理論の研究へと繋がっていく。こうした，トービンの研究者としての歩みを象徴的に示すものこそ，トービンのq理論なのであり，これが現われたのが60年代の後半であった。企業が投資を行なおうとしているとき，購入しようとしている機械の価格がpであるとする。ところが，これが購入されて工場に設置されるとその評価はpとは異なり，そのq倍になるかもしれない。評価というのは，株主をはじめとする金融市場の人々がどう評価するかということだ。qが1より大きいときは，株主たち投資家がその企業の力量を高く評価しているときだから，その投資は絶対すべきだ。逆に，1より小さいとき，投資は思いとどまった方がいい。企業が適切な資本ストックを持っているとき，ちょうどqは1になる。この値，qレシオには，企業の株価総額を純資産額で割れば求められるという簡便さがあるため，投資判断の指標として受け入れられ，70年代のトービンも各業界のqを測定するなどの実証研究にあたっていた。

トービンはイェール大学の教授を長く務め，亡くなるまで同大学で教鞭を執っていた。イェール大学は，アメリカの理論経済学者の草分け，アービング・フィッシャーの母校にして彼が晩年教鞭を執った，経済学の伝統校である。そのキャンパスも，理論家トービンに相応しい静けさを保っている。しかし，トービンにはやはり内なる情熱が強く脈打っていた。ダラスで暗殺されたケネディ大統領は，ニュー・エコノミクスと称する積極的な経済運営を方針として打ち出したが，このブレーンは他ならぬトービンであった。60

年代初め，安定した経済成長を続けていたアメリカでは，財政の按配と金融のうまい誘導で繁栄を永続させることが目指されたのである。

　トービンはこれら，マクロ経済学における理論的な業績を受賞理由に，1981年，ノーベル経済学賞を受賞した。彼の考え方の特徴は，ケインズの理論の核心を，人々がどのような資産構成を好めば，経済成長の具合や景気の動向がどうなるか，という繋がりを明らかにしたことに見出したことである。トービンの q が，企業が行なう設備投資の指標についての理論とも，投資家が行なう株式投資の理論ともとれる理由がそこにある。トービンの世界では，経済の実物的な側面と金融的な側面が不即不離で一体のものとして動いていくのである。そのため，彼はマクロ経済学の理論家でありながら，人々の複雑な資産構成がどのようにして決められるかの理論ができあがる際にも重要な貢献をしていくことになる。

2　資産管理とポートフォリオ

　投資をする人たちは，株式や債券，預金，現金など多くの資産にお金を分散して保有している。土地や建物など実物の資産を持っている人も多いだろう。これは理論ができる前からずっと投資家が行なってきたことであるが，その理由を根拠付ける研究は最近まで行なわれてこなかった。そのような研究は，ズバリお金儲けに関わることで経済学の研究対象には値しない卑近なものと考えられてきたこともその一つの理由である。

　このため，こうした研究の先駆者となったハリー・マーコビッツが，ポートフォリオ理論に関する初めての論文を，1952年にシカゴ大学の博士論文として提出したとき，審査委員会は紛糾した。審査にあたった一人はマネタリストのフリードマンであったが，彼はこれが経済学の論文であるかどうか疑問だとした。その場は，年配の経済学者が，「でも，文学の論文とも言えませんよ。」とジョークを飛ばし，なんとかとりなされる。しかし，このエピソードは，後に金融工学として独自の発展を見せる投資理論の分野が，経済学のなかでしばらくの間，置かれることになる低い地位を暗示するもので

あった。1990年，マーコビッツとシャープが，ミラーとともにノーベル経済学賞を受賞する時代が来るまで，資産選択理論の分野は経済学の周辺的な地位に押しやられることになるのである。

　前節で見たように，トービンはいち早くマーコビッツのアイディアに興味を示したし，シャープをはじめとする優秀な研究者がこれを数学的に発展させていくことになる。興味深いのは，当初，フリードマンらマネタリズムの経済学者よりもケインジアンがこうした研究を重視することだ。そう言えば，アメリカ経済学界の大御所サムエルソンも若いころに独自の株式投資についての論文がある。ケインズも証券投資では成功を収めた人だが，資産選択の問題はケインジアンのお家芸というところだろう。

　私たちが資産を保有する目的はもちろん儲けにある。儲けは利子や配当といった定期的に分け前としてもらえる利益と，株価や債券価格，地価の値上りがもたらす売買差益に分けられる。儲かれば，どうやって儲かろうと関係はないのだが，一応，前者をインカム・ゲイン，後者をキャピタル・ゲインと呼んで区別する慣わしである。これらの儲けは，資産にお金を投資した見返りとして得られるものだから，投資に対してのリターンと呼ぶことができる。リターンの大きさは，投資金額が大きければ大きいし，小さければ小さいのが普通だから，投資金額に対する1年間の儲けの比率で表わすのが適当だろう。これを平均収益率と称する。ここで，平均という言葉がついているのが資産運用のみそである。儲けは期待通りになることは少ない。期待よりも大きい儲けが得られることがある一方で，予想外に儲からなかったりかえって損したりすることもあるはずだ。こうした不確実さのことをリスクという。注意しなくてはいけないのは，予想外に儲かる場合も損をする場合もともにリスクに入っているということだ。両者を区別したいときは，前者を上方リスク，後者を下方リスクと呼べばよい。

　リターンは大きければ大きいほどよいに決まっている。だが，リターンだけを追求しているとリスクもどんどん大きくなるかもしれない。リスクは小さいに越したことはない。だが，リスクだけを見ていると，リターンが小さくほとんど儲からないかもしれない。要するに投資は複眼思考なのである。

リターンがなるべく大きく，リスクがなるべく小さいものを選ぶこと。人はリターンを見がちだが，それと同じだけの注意をリスクにも払わなければならない。

それではリスクはどうやって測ればよいのか。これを考えるには少し持って回った準備が必要だ。それは，実現する収益率が上にも下にも，平均収益率を中心にほぼ同じ幅にずれるということである。いつどのくらいずれるかはなんとも言えず，予想もつかない動きをすることから，こういう考え方をランダム・ウォーク仮説と呼んでいる。この千鳥足のようなでたらめの動きを均してみると，上にも下にも同じ幅でぶれているはずだから，そのぶれの大きさをボラティリティーと呼ぶ。ボラティリティーは，ちょっと考えると実際のズレ幅を上にも下にも全部足して観測回数で割ればよさそうだ。しかし，この絶対偏差という尺度はあまり一般的ではない。普通使われるのは，上下のズレ幅の２乗を平均した上で平方根を求めた標準偏差と呼ばれる尺度である。標準偏差が大きいほどリスクは大きい。

以上のことだけからすると，平均収益率がほどほどに高くて標準偏差がほどほどに小さい，ある特定の資産だけが人々の人気を集め，他の資産は全く閑古鳥ということになりそうである。だが，どんな人にも出番があるようにどんな資産も，存在している以上，投資して無駄ではないのである。ここにポートフォリオという考え方の不思議がある。ポートフォリオとは，昔，投資家たちが手持ちの証券を整理するのに使った紙ファイルのことであった。今はそこから転じて，自分が持っている資産の構成のことを言う。できるだけ多くの資産を分けて少しずつ持った方がいいというのがポートフォリオ理論の真髄である。マーコビッツ自身の言葉では，「玉子はできるだけたくさんのバスケットに分けて持ちなさい」という極意である。こうすることで，リスクを大幅に引き下げることができる。二つの資産を持った場合，単独で持つよりもリスクは小さくなる。ただし，平均収益率は高い方と低い方の中間になる。リスクを下げることの代償である。

ぱっと見には不思議なこの話も，考えてみれば当たり前のことで，一つの資産の収益率が下がったときにもう一つが少しでも上がってくれれば，単独

で持つ場合に比べて全体としての収益率の低下を抑制してくれるからである。だから，ポートフォリオを作るときは，できるだけ広くあたりを見渡して，できるだけ違った性格を持つ資産をたくさん組み入れることである。たとえば，円安で得をする業界の株式と円高で得をする業界の株式など[1]。こうして，どんなに収益率が低くて見劣りがする証券であっても，ポートフォリオを構成すると光り輝いてくることになる。このポートフォリオがいろいろな証券への需要を生み出す源なのである。

3 平均・分散アプローチ

マーコビッツの考え方をよく表わすのが，平均・分散アプローチと呼ばれる図形である。図7に示されたように，この枠組みでは横軸に標準偏差を，縦軸に平均収益率を測る。すると，どんな資産もその特徴がこの平面の上の1点で示されることになるのがお分かりだろう。平均収益率が高い資産は図の上の方に点が来るし，標準偏差の大きい，リスクの大きい資産は図の右の方に点が来る。この図に表わされる資産は，どれも標準偏差がゼロではなく予想外の変動をするから，リスクを含むという意味で危険資産である。ここでは，危険資産の代表として，いろいろな会社が発行している株式を取り上げよう。株式は持っていれば毎年配当が出るし，値上りすれば儲けられる。だが，配当は会社の業績次第で出ないこともあるし，株価が下がって損をすることも度々だ。だから，どの会社の株式に投資するか，銘柄選びにも力が入る。

それでは，この平面上でポートフォリオはどうやって表わされるのだろうか。もちろん，ある株式と他の株式を一定の割合で組み合わせた特定のポートフォリオは平面上の点になる。しかし，ポートフォリオの構成比を変えた

---

[1] そうは言っても，たくさんの資産を組み入れたポートフォリオを作ることは，資金の少ない個人にはほとんど無理である。このため，みんなでお金を出し合って，ポートフォリオを作り資産を運用しましょうという仕組みが生まれる。これが投資信託であり，別名をファンド（基金）と呼ぶのは，集めたお金の性格から来ている。

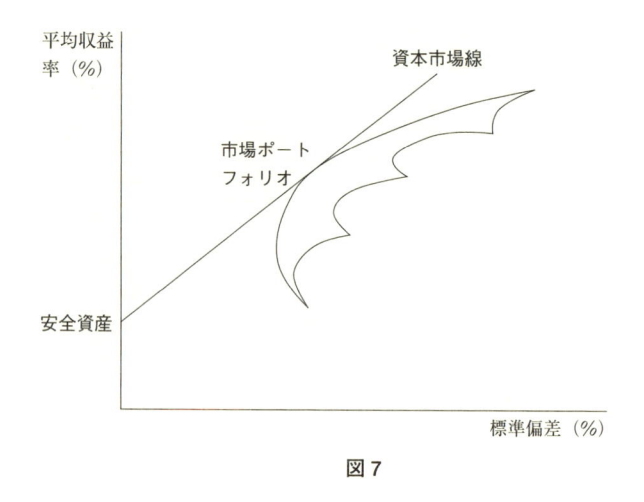

図7 （平均収益率（%）縦軸、標準偏差（%）横軸、資本市場線、市場ポートフォリオ、安全資産）

ときに，その点が描く軌跡は**図7**に示したように面白いかたちの曲線になる。ある二つの株式を組み合わせたポートフォリオは，組合せの比率が多い方の点に近いところから始まって，左に膨らみながら，徐々に別な点へと近づいていく。したがって，リスクの低さだけで判断すれば，いちばん標準偏差が小さい点がどこかにあるはずである。理屈上，どんなときでも全く逆方向に収益率が上下する株式があれば，組み合わせ次第で全くリスクのないポートフォリオを作ることもできる。しかし，現実には不可能なので，曲線はどこかから右に戻ってくる。

こうして作った個々のポートフォリオの各点から，また別なポートフォリオが作れることも容易に分かる。こうしてポートフォリオのフロンティアは左へ左へと魚の鱗が伸びるように広がっていき，もうこれ以上は標準偏差を小さくできませんという最前線に至るだろう[2]。では，もうこれ以上はリスクを軽減できないのだろうか。実は方法がある。それは危険資産からなるポートフォリオと合わせて，安全資産と呼ばれる種類の資産を持つことである。

---

[2] フロンティアの最前線でも残るリスクは，景気が全体に悪いなど，個別の銘柄に関係のない全体的なリスクであり，システミック・リスクと呼ばれている。

国債や社債などの債券類は毎年の金利が確定していて，償還期限が来れば元本が戻ってくる。これは定期預金も同じである。これらの資産を安全資産と呼んでいる。しかし，その分，収益率である利回りは低い。ここでの説明は，どうして収益率の低い安全資産を，それが高い危険資産と並んで人々が保有するかを明らかにしているのである。逆に，リスクをすごく嫌う人の立場からはこうも言える。人が，収益率が不安定で危険な株式をどうして喜んで持ちたがるのかと言えば，それが安全資産を上回る収益率をもたらしてくれるからだ。平均・分散アプローチは，私たちにリスクとリターンとを半々で考えなければならないこと，その上で両方の種類をバランスよく持たなければならないことを教えてくれる。図では，リスクのない安全資産は縦軸上で平均収益率が低い点で表される。この安全資産と危険資産のポートフォリオを併せ持てば，2点を結ぶ直線上を好みの点に移動できる。図から分かるように，こうすれば，安全資産と危険資産のポートフォリオとの中間の平均収益率で，リスクがより小さい資産構成を選ぶことができるのだ。

その際，安全資産と組み合わされるポートフォリオは，ポートフォリオ・フロンティアのなかでリスクがいちばん小さい点ではない。そうではなく，

---

3) 債券と定期預金はずいぶん違ったものと感じるかもしれない。一方は紙の権利書であるし，一方は通帳の数字である。しかし，定期預金を含め銀行預金は銀行が発行している債券なのである。その証拠に，日本の国債にあたるアメリカの財務省証券は紙の姿を失って，コンピュータ上の数値データになって久しいし，日本の国債も新規発行分は既にそうなっている。

4) ただし，社債や定期預金は，その企業や銀行が倒産すれば元本も利子も保証されなくなる。だから，これらは倒産の危険性まで考慮に入れれば危険資産の仲間である。倒産したために期待した利益が得られなくなる危険性を信用リスクと呼んでいる。

　国債は国が破産しない限り大丈夫だから，最後に残された安全資産である。だが，国債を購入したときに比べて，世間の金利が上がれば，世間を尻目に低い利回りに我慢しなければならないから，そういう意味で損である。逆に，購入時点よりも世間の金利が下がれば，自分は世間を他所に高い利回りを享受できるから，結果的に得したということになる。金利と利回りが等しくなるように国債の価格は上下するから，金利が上がってから国債を売れば差損が出るし，下がってから売れば差益が出る。これが金利変動リスクである。しかし，途中で売り買いさえしなければ，満期まで予定した金利と元本が保証されるから，やはり国債は安全資産なのである。

安全資産からの直線とフロンティアの接点である。このときに，ある標準偏差に対する平均収益率がいちばん高くなるからだ。この接点のポートフォリオは特別なものだから，市場ポートフォリオという特別な名前で呼ばれる。[5]そして，この接線にも資本市場線という名称が与えられている。[6]

4 金融工学の発展

第2節で言及したシャープが，マーコビッツの理論を実用向けに発展していくなかで開発したのが，CAPM（キャップM）と呼ばれる有名な理論であった。これは，資本資産評価モデルの英語を頭文字で表わしたもので，図7の安全資産と市場ポートフォリオの性質だけから，いかなる株式の収益率もたちどころに分かるというものであった。この考え方は，インデックス・ファンドの収益率さえ見れば，ある株式の収益率が分かるという単純さを持っており，シングル・ファクター・モデルに分類されるものである。[7]

シャープは，インデックス・ファンドの収益率から安全資産の収益率を引いたものに対して，問題の銘柄の収益率から安全資産の収益率を引いたものが何倍になっているかを β というギリシア文字で表わした。この β は実際の収益率のデータから，インデックス・ファンドの収益率と問題の銘柄の収益

---

5) 現実の世界にも市場ポートフォリオは存在する。これは株式投信のうち，インデックス・ファンドと呼ばれるものだ。インデックス・ファンドとは，東京証券取引所などの株式市場の，全ての上場銘柄の発行株数と同じ構成になるように作ったポートフォリオである。だから，ポートフォリオ理論を理屈通りに実行するのは簡単で，国債とインデックス・ファンドだけを材料に，好みの組合せで資産運用をすればよいのである。

6) 資本市場線の傾きは，標準偏差が1％増えるたびに平均収益率が何％上がるかを表わしている。言わば，リスクの価格である。ある資産の標準偏差が分かれば，利子率のベースに上乗せされるリスク・プレミアムは，その標準偏差にこの傾きを掛けることで求められる。

7) これに対し，ロスは，株式の収益率には経済成長率や為替レートなどなど，現実のいろいろな要因が絡んでいるはずであり，それらを組み込んでより実証的な研究をすべきだと主張した。ロスの考えは裁定価格理論（APT）と呼ばれ，CAPMと対比してマルチ・ファクター・モデルと性格付けられる。

率を調べた実際のデータから直線の関係を導けば，その傾きとして容易に求められる。シャープの CAPM の発表くらいから，こうした投資理論は市民権を得始め，その数学的な鋭い論理から金融工学と呼ばれるようになっていく。

　人の欲望にきりがないのに対応して，儲けるための工夫にもきりはない。インデックス・ファンドを持っている人は，予想以上に値上がりしたときは利益を得て，値下がりしたときは損をしない，いいこと尽くめの方法がないかといつも考えていることだろう。このとき，別の誰かから，1年後に約束の値段で手持ちのインデックスを売る権利を購入できれば，喜んで買うことだろう。もちろん，権利行使価格（ストライク・プライス）と呼ばれる売るときの値段は，自分の予想している値段かそれより少し高い値段である。これはオプションと呼ばれる権利の購入だから，1年後の実際の値段がストライク・プライスよりも高ければ権利を放棄し，低ければ権利を行使すればよい。この人はこうして，インデックスを売る権利であるプット・オプションを購入することになる。[8]

　問題はオプションを売る側の人である。理屈上，買い手の利益には上限がないのに対して，売り手の損失には下限がない。ストライク・プライスよりも1年後の実際の値段が安ければ安いほど，損が嵩んでいく。このため，売り手としてはしかるべき値段でオプションを売らないと割に合わない。結論から言えば，権利行使価格を実際の価格が下回ったとき，買い手に払わなければならない平均額に等しい値段をオプション価格に設定することになる。だから，オプションを買った人は，小さいがオプション価格の分だけ必ず損をする。ただ，買わなければもっと大きくなる損を，オプション価格の掛け捨て損に収められるのである。プット・オプションの場合，ストライク・プライスが高いほど，インデックスのボラティリティーが高くストライク・プライスから実際の価格が離れる可能性があればあるほど，オプション価格が高くなることは容易に推測できるはずだ。

---

8)　逆に，買う権利もコール・オプションと呼ばれて売買されている。

話せば簡単なこの理屈だが，実際にオプション価格を計算するのは至難の技であった。これを実に簡単な公式にして解いてみせたのが，ブラック，ショールズ，マートンの3人である。シカゴ大学の教授，MITの教授を歴任したブラック，1997年のノーベル経済学賞を受賞したショールズ，マートンが，大学教授の地位を惜しげも無く捨てて，金融機関に席を移したのは，この分野の経済学者の特質を表わしている。ブラックは早くに亡くなったので，ブラック＝ショールズ式の開発を理由に贈られたノーベル賞はショールズとマートン二人のものになった。マートンは，サムエルソンをして，こんなに頭のよい学生を見たことがないと驚嘆せしめた秀才だが，彼らの所属していたヘッジ・ファンドはアジア通貨危機の際，破綻している。

5 在庫理論モデル

第3節で，国債を最後の安全資産と呼んだが，現金はある意味，もっと安全な資産である。現金はいくら長く持っていても利子が付かない。利子が付かないから，国債のように金利変動リスクにさらされることもない。でも，利子が付かないのに持っているのは馬鹿らしいことだ。それでもどんな人も何がしかの現金を手元において置くのは，どうしても現金がないと日常生活ができないからだ。結局，現金がないとちょっとした買物もできないし，クレジットの使えない状況で立ち往生してしまう。つまり究極の支払手段に対する人々の信頼は揺るぎないものがあり，ケインズもそこから生まれる流動性プレミアムの議論に執着したことは前章で見たとおりである。

トービン，そして，彼より4歳若いボーモルは，日常生活でどうしても必要な貨幣を手許に置いておく人々の心理を在庫理論モデルと呼ばれるモデルにまとめた。在庫理論の名があるのは，企業が自社の製品在庫を決めるときの古くから知られた計算法をそっくりそのまま拝借して理論を構築したからである。たとえば，自動車販売会社が自動車の在庫をどれだけ置いておくかどうやって決めるだろうか。もし，在庫を全く置かなかったら，お客さんがやってきたときに対応できないし，そのお客を逃がしてしまうかもしれない。

この観点だけから言えば,在庫はたくさんあるに越したことはない。しかし,店舗のスペースには限りがあり,たくさんの車を在庫として置こうとして倉庫を借りれば多くのお金がかかる。じゃあ,足りなくならないようにちょこちょこ工場から運べばいいのではないか。だが,これでは何度もトレーラーをチャーターしなければならず,費用が嵩んでしまう。結局,この販売会社は,倉庫代の節約とトレーラーのチャーター料金がうまくバランスするところで,自動車の搬入回数を決めるのである。1ヵ月に販売できる台数が知られていれば,結果として常時店にある在庫台数が決まる。

　貨幣の在庫を考えるときも理屈は全く同じである。ただし,貨幣はかさばらないから倉庫代は要らない[9]。だから,本当の在庫で倉庫代に該当するのは,貨幣を家に置いていたために失われる,投資からの収益であり利子である。他方,自動車販売会社のトレーラーのチャーター料金にあたるのは,証券会社や銀行に自分の資産を換金に行った際にかかる,手間や時間,ガソリン代,電車代である。靴の底がちょっと減るのが嫌な人もいるのか,経済学ではこうした費用をまとめて,シューレス・コストと呼ぶ慣わしである。

　当座預金や普通預金も現金に換えようとすれば手間だが,これらにはほとんど,または全く利子は付かず,定義上も現金と一括りに貨幣に分類されるので,アメリカではATMも使える簡便な投資信託,MMFから現金をおろしてくる例を考えよう。月給が50万円のこの人は,給料を受け取るといったん全てMMFに預けて必要な現金を無駄なくおろして使っているとしよう。MMFに現金を入れておくと1ヵ月に5％の金利が付く。また,証券会社にお金をおろしに行けば1回につき500円の費用がかかるとする。50万円を1ヵ月で使いきるとすれば,この人は何回お金を引き出しに行くのがいちばんよいだろうか。

---

9) 家に多額の現金を置いたために,それに見合う防犯システムが必要になり,セキュリティのコストがかかることはあろう。だからこそ,私たちは銀行の貸し金庫を利用してコストを抑えたり,そもそも,預金をしたりするのである。当座預金に利子が付かず,普通預金の利子もほとんどゼロなのは,流動性が高いためもともと低い利子が,出納業務などの手数料と安全管理への報酬で相殺されているためだと考えられる。

何度も言うようだが，こまめに引き出せば靴底が減る。かと言って，まとめて引き出せば口座のお金が少なくて利子が稼げない。簡単なようでやってみると難しい問題だが，計算とその結果はこうなる。

$$\sqrt{500,000 \times 0.05 \div 500 \div 2} = \sqrt{25} = 5$$

ここで，最適な回数5回を出すために，月給50万円を全部預けっぱなしにしたら得られる利子が何回分のシューレスコストにあたるかを出し，それを半分にした上で平方根を開いている。家に常時置いてあるお金は，50万円を5回で割って10万円ではなく，その半分の5万円である。この人はおよそ1週間に1回お金をおろしに行くわけだが，おろしてすぐは10万円あっても毎日の買物で減っていき，1週間の最後は0円になる。だから，平均は5万円というわけだ。ここで半分にしていることと，計算の途中の半分は関係がある。

この計算から，利子率5％が4％，3％と低くなればなるほど，証券会社に行く回数は少なくなり，より多くの現金を自宅に置いておくようになるのが分かるだろう。逆に，シューレス・コストが安くなったとき，たとえば，自宅近くにATMが設置されたようなときには，お金をおろす回数が増え，口座に残してある残高も全体として多くなることが分かる。トービンらの理論は，流動性プレミアムが利子のなかで重要な位置を占めるというケインズの発想を下敷きにしているから，利子率が低いほど貨幣需要が増し，高いほど貨幣需要が減るという結論が，ここでも導かれることになる。

第8章 ■モジリアニと財務理論
Modigliani, Franco, 1918 –

勝てば官軍,負ければ賊軍

"The Cost of Capital, Corporation Finance and the Theory of Investment"
(「資本コスト,企業財務と投資理論」1958年)

1 イタリア系アメリカ人

　一般の人々がモジリアニという名を聞いて思い浮かべるのは,おそらくイタリアの画家の方であろう。彼の玉子型の顔立ちに特徴のある人物画は,具象絵画と抽象絵画の間にある20世紀らしい作品として多くの人から愛されている。しかし,私たちのモジリアニはこの画家のモジリアニではなく,イタリアに生まれてアメリカで活躍した代表的なケインジアン,フランコ・モジリアニである。

　フランコ・モジリアニは1918年,ローマに生まれ,アメリカに渡ったのは1939年,21歳のときであった。私たちがイタリア系アメリカ人でイメージするのは悲しいことに,マフィアのことであろうが,これは歴史上有名なアル・カポネら20年代に跋扈したギャングの親分たちのことを映画やドラマで見聞きするからだろうか。そういえば,フランシス・コッポラ監督の『ゴッドファーザー』は日本でも一世を風靡した。この映画にも描かれたイタリア人の同郷者や家族に対する悲しいまでに強い愛情は,イタリアの人々の美徳でありアメリカに渡ったところで消しようのない特徴である。

　消しようのない特徴としては,フランコ・モジリアニのイタリア訛りの英語もある。彼はアメリカでの経済学の勉学と研究活動の後,1962年にMIT

（ミット）と呼称されるマサチューセッツ工科大学の教授に就任した。MITはその名の通り工学の単科大学であるが、やはり著名なケインジアンで若いころから大経済学者の名をほしいままにしたポール・サムエルソンが大学教員生活を始めてから現代に至るまでホーム・グランドとしていることで、経済学の名門としても知られることとなった。モジリアニはこの章で紹介するような業績によって1985年にノーベル賞を受賞しているが、MITにゆかりのある経済学者にはノーベル賞受賞者も多い。

彼が中心になって証明したモジリアニ＝ミラーの定理は企業財務の伝統的な考え方に大きな変化をもたらしたとされている考え方である。モジリアニは真面目なケインジアンであるから、分野で言えば経済成長や経済政策を扱うマクロ経済学が専門となる。それが企業財務とはどういうことか。この背景には、一人の学生、ミラーとの出会いがあった。

モジリアニはMITに移る前、カーネギー工科大学で教鞭を執っていた。ミラーはこの時分にモジリアニの授業に出ていた学生であった。ある授業の後、ミラーの出した質問とそのアイディアに感心したモジリアニが、二人での共同研究の後に発表した研究成果こそ、この衝撃的な定理であったのである。

その後、ミラーは企業財務の理論的な研究者として活躍することになった。そして、1990年、他の2人の経済学者とともにノーベル経済学賞を受賞した。だが、残念なことに現在はもうこの世にいない。ノーベル賞受賞が間にあってよかったと感じさせる経済学者の一人である。

2　モジリアニ＝ミラーの定理

企業財務の担当者は企業の投資に必要なお金を調達してくることを仕事にしている。企業にとっての投資[1]とは企業の経済活動に不可欠な機械や設備、

---

1) 投資はいろいろな意味で使われるので、よく理解していないと混乱してしまう経済用語の一つである。「企業が設備投資を行なう」、「あの人は株式に投資しているらしい」、さらに「自分に投資しよう！」といった使い方まで多種多様である。これらす

建物や土地などを購入したり建設したりすることである。したがって，投資の結果は企業が長い年月に渡って使っていく営業用の資産を形成することになる。

図8をご覧いただこう。これは企業が投資家に自らの経営状況を知らせるために作成する財務諸表の一つ，バランスシートである。左の列の合計金額1億円と右の列の合計金額1億円とが等しくなることからバランスシートの名前を持つ。右を貸方，左を借方と呼ぶことから日本では伝統的に貸借対照表と呼ばれてきた。記号ではB/Sと表わす。ちなみにこの語源は，最初に複式簿記の方法を開発した昔のイタリアの銀行で表の左右の列をそう呼んでいたころの名残りである。銀行とは荒っぽく言ってしまえば右手でお金を借りて左手で貸

	負債 5,000万円
資産 1億円	資本 5,000万円

図8

べてに共通の含意はなんだろうか。それは，今このときはお金を手放すが，そのお金は将来子供を生んで帰ってくる，またはそう期待されている，ということである。これが手放したらそれっきりの消費と区別される点である。

ただ，株式投資をしたお金は後で見るように結局企業の設備投資資金となる。だから，経済全体で間を省いて考えればどちらの投資も同じ事態を表現しているとも言えるのであるが。

2) バランスシートは決算時点における財産の状況を表わす書類であり，いわば動きを示してはいない。これに対して，前の決算から今回の決算までの1年間，企業にどれだけのお金の出入りが帳簿上あったかを示すのが損益計算書である。英語の損失，利益の頭文字をとり，記号ではP/Lと表わす。損益計算書では，借方に収益を，貸方に費用と利益を書き込み，当然左右はバランスがとれる。近年はこれにお金の本当の出入りを示すキャッシュフロー計算書を加えるようになっている。損益計算書では優良な債権と回収不能の債権，販売済みの品物とまだ倉庫にある品物，といった区別がなされていないからである。

3) 消費を中心とした経済活動を行なう家計ではお金が出ていけば基本的にそれきりだから，家計のお金の出入りを記録する家計簿は，出納を1列に書く単式簿記の形式を持っている。ところが，投資を中心とした経済活動を行なう企業では，手放したお金が設備等のかたちで社内にきちんと残っている。だから，記録も左右の2列を対比して書き込む複式簿記にならざるを得ない。

ちなみに，簿記とはこうした帳簿の付け方の技術であり，会計とは帳簿をまとめて財務諸表に仕上げる技術とその周辺の理屈のことである。

付け，利鞘を得て儲ける企業のことである。金融仲介機関とはよく言ったものだ。このとき，どこのどなたからいくら借りたかを右に書き，どこのどいつにいくら貸したかを左に書いた。つまり，貸方とはお金を貸してくれた相手，借方とはお金を貸し付けた相手の意味である。

　であるから，現在のバランスシートで，特に一般の企業についてみる場合，貸方，借方の語は列の左右を表わす単なる記号になっている。したがって，借方を資産側，貸方を負債側と呼んだ方がかえって分かりいいくらいだ。しかし，考えてみると企業が資産を形成するために調達してきたお金の出所は借入の結果，すなわち負債に限らない。企業の創始者はもともと手許の資金を持っていたはずだし，足りない分は，企業のほとんどを占める株式会社であれば株主から持ち分を出してもらって入手したはずだ。この部分を資本と呼んでいる。今の説明から，特に自己資本とか株主資本と呼ばれることがある理由も納得いくはずだ。だから，バランスシートの右側の列は負債の部と資本の部の2部構成になっている。

　ここでまたまた混乱の元となるのが，経済学では企業財務で言うところの資産を資本と呼ぶことである。企業財務では現金そのものやここ1年以内に現金化できる資産のことを流動資産，工場や社屋，稼働中の機械のように現金化が減価償却分しか行なわれないような資産のことを固定資産と呼ぶが，経済学ではそれぞれを流動資本，固定資本と呼ぶ。また，理論的な経済学では生産要素として土地と労働と資本をあげるが，このときの資本は物的な営業用資産のことだから，ちょうど経済学で言う資本と企業財務で言う資産が同意と言うことになる。金額的には両者の違いは負債の分であり，資産マイナス負債が純資産としての資本に等しい。つまりは，理論的な経済学では負債の存在を考えていないのである。資本以外に負債を抱えながら経済活動を

---

4)　経済学が産声をあげた19世紀のイギリスではほとんどの企業が株式会社化されない個人企業であった。資産を形成するための資金は個人の持ち金か，知り合いであるビジネス・パートナーから出してもらった拠出金だった。こうした企業は借入を行なっていたが，その借入は短期間の営業資金を用立てるためのものであり，資産形成を借入金で行なうことはなかった。この歴史的事情が経済学の用語法に反映している面もある。

している企業をモジリアニ＝ミラーの定理でレバレッジド企業と呼ぶ。梃子で嵩上げされた企業という意味であり，実在の企業はほとんどそうなのだが，理論的にはすべて自己資本で営業している企業を考えるということなのである。もっとも，モジリアニ＝ミラーの定理がそれを証明しているように，負債があることは全く企業の評価を下げはしない。だから，負債と純資産を併せて資本と呼んでもいいとも考えられる。この意味で，企業財務で純資産に相当する自己資本と対比して，負債のことを他人資本と呼ぶことがある。

さて，ここまで準備をした上でモジリアニ＝ミラーの定理が何を語っているのかを示してみよう。この定理は負債をいくら借り入れようと，理論的に企業の価値に変化はないということを示しているのである。この定理のもたらした衝撃の大きさはこれだけでは全くピンと来ないだろう。しかし，当時は企業財務の上で借入と増資とでは全く意味が違うというのが常識だった。増資をすれば資産が増える裏側で資本が増える。借入を増やすと資産が増える裏側で負債が増える。同じく資産を増やすのでも，その元手をどこから持ってくるかが重要であると考えられたのである。増資を繰り返すと資本が増大するから資本に対する利潤の割合が減り，株主への配当を減らさざるを得なくなるかもしれない。逆に借入を増やすと借入過多という評判が立って企業への評価が下がっていくかもしれない。経営学や会計学など，企業財務のあり方を学問的に研究している分野では，借入と増資の間をとって最適な割合を探すことが当時盛んに論じられていた。企業の資産の背後に，負債と資本との最適な割合があると信じられていたのである。

ところが，経済学者モジリアニとその学生ミラーによって発表された定理では，このような学問的努力は無駄であるとされてしまった。これが当時の企業財務理論に与えた衝撃は推して知るべしである。

3　定理の本質

企業財務の理論家はモジリアニ＝ミラーの定理発表当初，どこかに誤りがあるはずと考え，その証明を詳しく調べた。しかし，もちろん論理的な誤り

などない。彼らの証明は企業サイドからではなく，企業にお金を委ねて資金を運用する投資家の側から見た形をとっている。同じ1億円の資金を運用するなら，自己資本だけで資産を築いた企業の株式を買うのが有利か，それとも自己資本と他人資本とで資産を調達した企業の株式と社債とを同じ割合で保有するのが有利かという判断である。ただし，両企業は規模，収益ともに同じとする。投資して有利な企業は同じ収益にもかかわらず企業の価値が低く評価されていて，少ない資金で大きく稼げる企業である。もし，前者が有利ならば皆そちらの株式を購入しようとするだろうから，前者の株価は後者と有利，不利の違いがなくなるまで上昇する。逆に後者が有利ならば皆そちらの株式と社債とを購入しようとするだろうから，後者の株価と社債の価格は前者と有利，不利の違いがなくなるまで上昇するだろう。[5]

　モジリアニとミラーによる証明は以上のように，経済学っぽいと言うか，巧妙と言うか，要するに持って回ったものである。だが，単純に言って，これはバランスシートを左から読むか右から読むかの違いに該当すると言っても過言ではない。すなわち，企業財務の中心的な問題はどこからお金を調達してくるかであり，そのお金を使ってどのような資産を形成するか，ましてやその資産を生かしていかに収益をあげるかは，財務とは別な企業経営自体の問題である。だから，企業財務の理論を考える人々はバランスシートを右から左へと読んでいた。これに対し，経済学者であるモジリアニとミラーは，企業の本質を経済にいかに貢献し，いかに収益をあげるかというところに見る。つまり，経済学ではバランスシートを左から右へと読むのである。こう考えれば，企業が順調に運営されている限り大切なのは資産の中身とその使い様であり，資産形成の資金をどこから調達してくるかは副次的な問題なのである。

　このことは企業の存在を過去から見るか将来から見るかの違いだと言っても同じことだ。会計の世界では予測に基づかないきっちりした数字を求める

---

[5] これは裁定（アービトレイジ）と呼ばれる経済学特有のロジックである。儲かり方に有利，不利の違いがあれば目敏い市場関係者がすぐにその利鞘を取ろうとするので，市場がよく機能している限り，どんな運用も同じ程度にしか儲からないのである。

保守主義の原則があるので，資産でも購入原価で記帳する。資金の出所を重視するのも同じ理屈だ。これに対して経済学は常に未来志向である。これまでどうであったかはあてにならない。問題はこれからいかに収益をあげていくかにある。経済学的に考えれば，簿記では金融資産以外にもその時点での価値を表わす時価会計の原則を導入すべきであるということになる。そして，その時価は当の資産が将来，減価償却して消滅するまでの間，どれだけの収益をもたらしてくれるかを金利で割引いた合計として求められるはずである。

さて，財務内容よりも収益性の方に企業の本質があることが，こうしてモジリアニ＝ミラーの定理で示された。しかし，いわゆる企業価値には2種類のものがあることにお気付きだろうか。分かりやすくレバレッジドされていない企業を考えよう。本来なら，この企業が持っている資産価値とこの企業を投資家が評価した市場価値，すなわち株価総額は一致しているはずである。だが，資産が持つ物理的な収益力以外の要件が企業の収益に影響することはよくあることだ。たとえば，経営者の能力や組織の活力が資産本来の収益性以上の力を引き出すかもしれないし，その逆ということもあるかもしれない。そこでこれら二つの企業価値の比率，つまり市場価値を資産価値で割った値をトービンのqと呼んで企業の状況を表わす指標にしている。この名は前章で取り上げたトービンが最初にこの比率にqの文字をあてたことに由来する。定義から明らかなようにトービンのqは1であるのがノーマルな状態だが，場合によっては1を超えることもありうる。この場合，企業経営者から見て1,000万円の投資プロジェクトを実施すると市場はたとえば1,500万円に評価してくれることを意味しているわけで，投資をすることが得になる。したがって，トービンのqが1を超えていれば投資が促進されることになる。これに対して，トービンのqが1を下回っていればどうだろう。この場合，投資家はこの企業の株式を買い占めて，たとえば50億円の企業資産を左右する立場に立つことができる。単純な話，トービンのqが1より小さければ投資家は50億円の価値を持つ資産を最大でも45億円出せば買えることになり，企業の経営権を獲得した後に資産をばら売りすれば5億円の利益を稼ぎ出せるはずである。だから，トービンのqが1より小さい企

業は乗っ取りのターゲットして狙われることになる。自己資本の金額は資産価値の総額から負債額をひいた額に等しいから，別名を純資産とも呼ばれる。したがって，レバレッジド企業の場合，発行株式の時価総額と純資産の比がトービンのqであり，上と同じ議論が可能である。

　モジリアニ＝ミラーの定理を通じて企業や株式の本質に迫ると様々に面白い結果が見えてくる。たとえば，企業の利潤をどれだけ配当に回し，どれだけを内部留保として社内に留めおくかということが，一切株主の利益に影響しないという命題もその一つである。ちょっと考えると，配当として利益を配分してもらった方が手許にやってくるお金が多くなるのだから得のような気がする。だが，考えてみてほしい。株式を購入して持つことの利益は配当利益の他に値上りによる利益もある。前者をインカム・ゲイン，後者をキャピタル・ゲインと呼ぶ慣わしだが，2つを合わせたものがトータルでの株主の利益である。たとえば，2,000万円の利益をあげた会社が1,000万円を配当に回し，残りの1,000万円を内部留保したとしよう。内部留保した利益はやがて工場の増設や機械の購入に向けられるからこの企業の資産価値は1,000万円分増えるはずである。株式の発行量に変化のない通常の状態では資産価値の増加は同額の株価総額の値上りに繋がる。こうしてインカム・ゲインとキャピタル・ゲインとを合わせた金額で見ると，結局株主は2,000万円の得をしているのである。すぐにお気付きのようにこれは配当と内部留保の割合をどう変えようと変化しない関係である。[6]

　モジリアニ＝ミラーの定理を学ぶとこうしてクリアな理解が得られる一方

---

6)　企業が市場から資金を調達するために必要なコストを資本コストという。結局ここで言っていることは，配当政策が資本コストに何ら影響を及ぼさないということである。さらに，定理から，企業の経営が順調である限りは社債発行によるデット・ファイナンスと株式発行によるエクイティー・ファイナンスは同値であるから，両者の資本コストの間にも違いがない。

　さて，この資本コストとはいったい何か。それは投資家がその企業に要求する収益率であり，企業の財務状況に関係なく投資家の時間視野によって決まってくる。要は，投資家の多くが，気が長ければ資本コストは低いし，気が短ければ資本コストは高い。日米の伝統的な企業行動の違いもこの資本コストの違いに由来していると言われる。

で，やはり負債を増やすことに何か警戒感を持ってしまうのはなぜだろうか。それは私たちが企業の倒産を懸念しているからだと考えられる。モジリアニ＝ミラーの定理を説明してくるなかで何度も，企業の経営が順調ならば，ということを繰り返してきたことにお気付きだろうか。実際の経済ではどんなに順調に見える企業でも，ある年収益を大幅に低下させることもよくある話だ。赤字決算になっても株主総会で頭を下げたり経営者を交代すれば株主は許してくれるかもしれない。しかし，収益の低下が債務や利子の返済に支障をきたせば，その企業は倒産せざるを得ない。負債を際限もなく増やしていくことは，それに足を引っ掛ければ倒産ですよというハードルを自ら高くすることを意味する。だから，倒産の危険性だけを心配するのであれば，全てを自己資本で賄うに越したことはないということになる。

だが，現実の世界にはこれと全く反対の要因も存在する。法人税である。法人税は企業の経常利益に課される税だから企業の全利潤が課税の対象である。このなかには配当も内部留保も含まれる。他方，負債を持つことでかかってくる負担は毎年の利子であるが，これは企業財務では費用として扱われるので，利潤から控除されて法人税の課税対象にはならない。と言うことは，法人税負担の面からだけものを見る限り，自己資本をなるべく小さくし，負債で資産形成することで節税ができるということになる。結局，現実の企業財務の構造を決めるのは全体としての損得のバランスであり，倒産の危険が高まらない限りはできるだけ自己資本比率を小さくするというやり方で意思決定がなされていると考えられる。

4　世代重複モデル

現代の経済学では世代重複モデル，すなわちオーバーラッピング・ジェネレーション・モデルという手法が多方面で使われている。これは経済のなかの人々が若年期と老年期の2期間を生き，その後死んでいくということを考えたときに何が起きるかを見るものである。すべての時期，一定の割合で若年期の人々と老年期の人々が重なって生き，次の時期には老年期の人々が死

んでいく一方で，かつて若年期だった人々が老いて老年期に入り，同時に次の若年期の人々が新しく生まれてくる。ちょうど老年層と若年層が鎖の輪のように重なり合いながら世代が繋がれていく。そんなことは世の常，当たり前ではないかと思われるだろうが，私はこのモデルを考えるのが好きである。単純だが，人の世の本質がシンプルな装いのなかに深く示されているように思うからだ。実は経済学の考え方のなかで，人の生き死にを扱うモデルが現われたのはこのモデルが初めてだった。そして，それを本格的に展開した経済学者こそモジリアニだったのである。モジリアニがローマ生まれのイタリア人であることは既に述べたが，彼がこのモデルを愛用したことはイタリア人の血に流れる家族の繋がりを大事に考える本性に由来するのかもしれない。[7] モジリアニのノーベル賞受賞の理由こそ，世代重複モデルの展開と普及であった。

　実は，世代重複モデルの原型を作ったのは，この章でも既に言及したMITのサムエルソンだった。彼は，それ自体食べることも着ることもできない貨幣がなぜ価値を持つのかを説明するために世代重複モデルに頼った。若年層は働けなくなる老後に備えて生活物資を保存しておかなければならない。しかし，なかには保存のきかないものもあるだろう。そこで人々は貨幣を発明した。若年層は老年層に貨幣と呼ばれる紙切れと引き換えに，自分たちが今は使わない生活物資を引き渡す。そして，やがて自分たちが老年期に入ったときに，次の若年層にその貨幣を渡して生活物資を受け取るのである。こうして貨幣は世代から世代へと受け継がれて価値を持ち続ける。

　つまり，世代重複モデルでは価値のそれほどないものが大きな価値を持ち続けることが可能である。たとえば，土地や株式に発生するとされるバブルは，通常の経済モデルでは存在することができない。しかし，若年層にバブル込みの土地や株式を引き渡して死んでいける世代重複モデルでは，合理的なバブルが持続し得ることは容易に理解できよう。逆に言えば，通常の経済

---

[7] 世代重複モデルの特徴を生かして，人々の貯蓄のあり方をモジリアニとともに研究した経済学者にアルバート安藤がいるが，彼もまた伝統的な家族観を比較的強く持つ日系人であることが面白い。

モデルでは人々は無限に死なず，遠い将来をありありと予想できるので，無限の将来でバブルが弾けると予想すれば最初からバブル込みの土地や株式を買うことがないのである。このことから，たとえ世代重複モデルでも子孫のことを我がことのように考えれば通常のモデルと同じくなることが分かる[8]。このように，世代重複モデルの面白さは各世代がやはり多少のエゴで動くことから導かれており，通常の経済モデルでは発生し得ない景気循環も自動的に生じることが確認できるのである。

　さて，ここで一つの想定をしてみよう。日本人が20歳から60歳まで働き，75歳まで老後を過ごして亡くなっていくとしよう。勤労世代の貯蓄率はいくらになるだろうか。ただし，退職世代は貯蓄をせず若いころの貯蓄を使って生活する。これはモジリアニの貯蓄に関する想定でもあるのだが，人は生涯で得られる稼ぎを全人生のなかで均等に使って生きようとする。毎年の生活費が同じだとすると生涯の稼ぎを55年に按分して生きることになろう。他方で，退職してからの生活は15年あるから，全稼ぎのうちこの15年分が働いているときの貯蓄になる。したがって，貯蓄率は $15 \div 55 = 0.27$ から27％ということが分かる。

　それでは国民全体の貯蓄率はどうなるだろうか。このことを考えるためには貯蓄をする勤労世代と貯蓄をしない退職世代の人口の割合がどうなっているかを考えなくてはならない。勤労世代と退職世代の人口比が5：1であるとする。このとき，勤労世代の作り出した所得を全国民で消費するから，平均の貯蓄率は，

$$0.27 \times (5-1)/5 = 0.22$$

から22％であることが分かる。現在の日本のように高齢社会化が急速に進展し，やがて人口比が5：1から2：1になったとすると，平均の貯蓄率は，

---

[8]　生き死にを繰り返すが，あたかも全ての世代を一人の人間と考えられるような想定では，その連続する全世代を「王朝」と呼んでいる。

$$0.27 \times (2-1)/2 = 0.14$$

から14％に低下することが分かる。日本の貯蓄率は，現在は欧米に比べて高いが，やがて高齢社会の深化とともに低下していくことが予想されるのである。

第9章 ■ハーベルモと経済統計論
Haavelmo, Trygve, 1911–1999

賢者は歴史に学び，愚者は経験に学ぶ

"The Probability Approach in Econometrics"
(「計量経済学の確率的アプローチ」1944年)

1 栄光の10年

　アメリカは移民の国である。アングロサクソン系のピューリタンが中心となって建国して以来，多くの移民を受け入れてきた。人口が爆発的に増加すれば，その分だけ働き手も増えるから国民所得も増えて経済が発展する。また，移民としてやってくる人々は比較的若い人間が多いから人口の高齢化も食い止められる[1]。貧困や差別などの社会問題をとりあえず忘れるなら，移民の受け入れは経済発展によい効果をもたらすと言えるのである。

　移民が経済発展に与えるよい効果は，需要や量的な意味での生産能力だけでなく，質的な意味での生産能力，つまり技術進歩にも見られる。19世紀末から20世紀初めにかけて，アメリカがヨーロッパ諸国にキャッチアップし，さらには追い越していく過程で，ヨーロッパやアジアからの移民技術者が大きな役割を果たしたことはよく知られている。その後，自動車や石油科学，そして，現在のコンピュータ・テクノロジーの発展でも同様の事実はまま見られることである。自国で技術者を育成するにはそれなりの時間がかか

---
[1] 移民の多くは当初，低所得である。低所得の場合，様々な理由から多くの子供をもうけるので若年層の割合も高くなる。このため，アメリカは現代でも高齢化の問題を持たない特異な先進国となっている。

るが，既に腕に技術を持つ人間を外国から受け入れれば，すぐに世界水準の技術が手に入れられるからである。

　全く同じことがある時期，経済学の世界でも見られた。経済学の研究の中心地が，戦前のヨーロッパから戦後のアメリカへと移動したことは外側から見る限り不思議である。よく，世界の経済の中心地で経済学が最も発展するのだとまことしやかに語られるが，それではある時期までの日本で，世界的な経済学者が陸続と輩出されなかったことは説明できない。なんせ日本人のノーベル経済学賞受賞者は一人もいないのであるから。戦後アメリカで経済学が飛躍的に発展した理由は，実際には先ほどの移民仮説で説明がつく。要はヨーロッパの若くて優秀な経済学者たちが1930年代から第2次世界大戦中に多くアメリカへと移住したのである。ユダヤ系であったためにナチス・ドイツの迫害を避けようとした人もいた。戦争そのものの混乱を厭い，国土が戦場にならなかったアメリカへ渡った人もいた。しかし，何よりも重要なのは，そうした移住を希望する経済学者，数学者をアメリカの政府や軍が積極的に受け入れたことである。これは戦争遂行の必要からのことだった。

　第1次世界大戦に始まり，第2次世界大戦で規模を拡大した世界戦争は，いずれの国民にとっても総力戦であった。傭兵を主体とする軍隊が特定の戦場で相まみえ，限定された戦闘の勝敗を元に講和に至る，それまでの古典的な戦争とは質的に大きな違いがあったのである。ここでは，一国規模での経済力の大小が戦争の勝敗を大きく左右する。戦略を駆使して一つや二つの戦場で勝ちを収めたとしても，持久戦になれば結局ものを言うのは兵器や物資の生産力である。したがって，近代戦において，戦略を練り勝ちを呼びこむためには，自国の経済力を正確に測定し戦争遂行の計画を立てる必要があった。ここに大量の経済学者，統計学を中心とする数学者が必要だったのである。また，戦術レベルでも，兵站輸送をどのように効率的に行なうかは計算の必要な複雑な問題である。この問題の解決は，実際，軍事的な必要から，この時代に経済学者によって与えられた[2]。

2）　現在，貨物輸送を効率的に行なう技術として知られるロジスティクスも，もともと

これらの研究は第2次世界大戦後にも引き継がれ，それぞれ計量経済学，線形経済学として体系化されていく。計量経済学は，一国の経済諸変数間の関係を記述したマクロ経済学のモデルを用いて，実際のデータからその国の経済パフォーマンスを推計していく手法である。他方，線形経済学は，ある目的量を最大化したり最小化したりするための操作量を決定する手法である。これは言わば，社会計画の技法であって，ある会社の生産計画の策定にも応用できるし，一国規模での経済計画の遂行にも力を発揮する。線形の語を冠している所以は，計画を立てるために様々な計算を繰り返す際，複雑な式を操るよりも直線で表わされるような単純な式をたくさん立てた方が楽だからだ。線形はリニアの訳語で，英語で直線的な，を意味する。そして，この線形経済学の発展には余禄もあった。直線的な関係で経済の仕組みを一気に見てみたところ，様々に対称的な性質が発見できたのである。経済的な変量の両軸である価格と数量の間に成り立つこの対称的な性質は双対性と呼ばれている。[3]

　特に，計量経済学は経済予測などに役立つことから戦後も金になる仕事と考えられ，パトロンが現われた。親子2代に渡る出版社の経営者で，自分自身も経済学の研究者であったコールズである。彼はコールズ研究所を設立して資金を提供，若い統計学者，数学者を多く招き，計量経済学の研究をさせたのである。このなかの一人に，オスロ大学を卒業してノルウェーからアメリカに渡ったハーベルモがいた。彼は計量経済学の基礎を確立するのに大き

　　兵站輸送を意味する言葉であった。本章で計量経済学や線形経済学の功労者として紹介されるクープマンスも，各港湾に戦争物資を輸送するために限られた輸送船をどのように配転するかを計算するために，オランダからアメリカ海軍が招聘したのだった。
3)　この双対性がもたらす帰結であるが，経済で何かを最大化しようとすると必ずその背後に何かを最小化しようとする関係がついてまわる。逆は逆である。この場合，最大化にせよ，最小化にせよ，元の問題を原問題，その背後にある問題を双対問題と呼ぶ。たとえば，企業で生産額を最大化しようとすれば，費用を最小化しなければならない。しかも，これらの問題は同じ答えを逆方向から追求していることになる。片方から見ればいちばん低い点，別な方向から見ればいちばん高い点である。このイメージがちょうど山の峠であり，馬の鞍に似ていることから鞍点（サドル・ポイント）の名がある。

な役割を果たすことになる。しかし,コールズ・コミッションに参加した統計学者,数学者の多くが数理経済学者としてアメリカにとどまるなか,ハーベルモは50年代には母校オスロ大学の教授となってノルウェーに帰国してしまう。アメリカの水,と言うよりアメリカン・フードが口に合わなかったのだろうか。彼は1989年,72歳の高齢でノーベル経済学賞を受賞することになるが,受賞理由はアメリカ時代の業績だった。ハーベルモにとってアメリカの10年間は栄光の10年と言うべき年月であったろう。

2 計量経済学の歩み

計量経済学と日本で訳されている学問分野の原語はエコノメトリクスである。この語は経済と計測を意味する言葉を合わせた造語であり,ノルウェーからアメリカに渡った経済学者フリッシュによって作られた。[4] データによる経済統計と経済学の理論とを統合して新たな学問体系を作ろうという試みは,前節に述べた時代背景の下,この時代のアメリカで始められた。フリッシュとアメリカの経済学者フィッシャーを中心にアメリカ計量経済学会が創設された。その学会の学術誌である『エコノメトリカ』は現在に至るまで数理経済学の最高峰のジャーナルである。

フリッシュは当時,経済統計の中心問題であった景気循環の構造を木馬モデルと呼ばれるイメージにまとめた。木馬は一度外から揺らすと,その後はそれ自体のバランスによって前後へ揺れ続ける。経済も同じで,景気循環の原因は二つあって,外からの衝撃とそれを振動させ続ける経済の内部構造だと言うのである。だとすれば,計量経済学の役割も二つあることになる。外

---

4) このように,計量経済学の初期の研究者にはノルウェーやオランダといった白夜の地域,北欧の出身者が多いのはなぜだろうか。一つには,一人がある研究方向を創始するとその伝統が形作られるということがあるだろう。だが,私には地域性もあるような気がしてならない。夏の白夜は深夜になっても薄ら明るく,人々は夜更けまで街頭を歩きお喋りを楽しむ。ところが,冬になるとうって代わって長い夜に閉ざされてしまう。厳しい冬に長い時間,データの計算に明け暮れる姿は何か,人々のイメージによく合うのである。

から経済に与えられる数値がどのように変動するかを計測することと，経済を振動させ続ける内部の構造を数値的に計測することである。

　実際のモデルは，オランダ出身で国際連盟でも活動した経済学者ティンバーゲンによって作成され，データによる推計に回された。彼のモデルは経済学者ケインズの創始したマクロ経済学の理論に基づいて作られていたが，極めて複雑であり，前年の数値が翌年の数値に影響を与えるという具合で，それ自体が景気変動を記述するようなものであった。現代の目から見れば十分に整理されていなかったのである。このため，当のケインズはティンバーゲンのモデルを，「瓦礫を金に変えようとする錬金術」とかなり手痛く論評した。

　その後，前節で見たコールズ研究所の経済学者たちは，よく整備された手法を用いて，まずは経済の構造を明らかにするマクロ・モデルを構築し，推計に成功していった。コールズ・コミッションの研究成果はコールズの書店から叢書のかたちで順次出版されていく。ケインズの考え方をよく踏まえて単純なマクロ・モデルでアメリカ経済のパフォーマンスをうまく説明したクラインの業績は，50年代の終わりに現われた。[5]

　だが，こういった研究上の実践が成功を収める一方で，もともとデータ数が少ない上に実験室でのデータ採集を許さない計量経済学で，統計手法を用いたモデルの推計がどうして許されるのかという，方法上の問題は曖昧なままに残されていた。経済データは年次のものであれば50年たっても50個しか集まらない。この少ないデータからモデルを推計しても経済構造の実際を表わすものとして信用していいのかという疑問が残るのである。これにきちんと答えたのがハーベルモであった。彼は『エコノメトリカ』の別冊として「計量経済学の確率的アプローチ」という論考を発表し，計量経済学の諸手法に理論的な裏付けを与えた。ハーベルモの考え方はこうである。経済の真

---

[5]　若き統計学者クラインも，30年代にケインズ革命の洗礼を受けたアメリカの研究者の一人であった。ケインズ没後間もなく，クラインはその名も『ケインズ革命』という著書を出版し，ケインズの理論を分かりやすく整理した。その理論的達成の上に彼の計量経済学上の研究成果がある。

の構造は神様しか知り得ないが,それを前提にして無限回の実験を繰り返したとしよう。そうすれば無限個のデータを収集できる。無限個のデータからなる母集団から無作為に50個のデータを抜き出して,それを用いて経済の真の構造を推計してはどうだろう。データの抜き出し方に作為がないとすれば,データは真の値の周りに均等に散らばり,真の経済パラメータの値を指し示してくれるはずである。実際の50年分のデータをこのような手続きで選ばれた標本と解釈すれば,その少ないデータから求められる経済構造に偏りはないであろう。よく考えられた経済学の理論に基づいて経済モデルを作り,データを用いた推計を行なえば,パラメータの推計値と実際のデータとのズレは単に確率的にでたらめの散らばりと解釈できるはずである。こうして,その後30年間,コンピュータ技術の発展を背景に大きな進歩を遂げる構造方程式モデル推計の考え方の基礎が打ち立てられたのである。

3 外生変数と内生変数

構造方程式モデルとして最初の成功を収めたクラインのモデルは,8本の式の組合せである。後にこれらは50本,100本へと巨大化していくことになるが,ここでは最も単純なケースを扱おう。

$$Y = C + I$$
$$C = a + bY$$

記号を説明しよう。Y は国民所得,C は消費,I は投資を表わす。国民の所得が生み出されるためにはそれだけの製品やサービスが売れなければならないが,その内訳が消費需要と投資需要からなるというのが最初の式である。これはぶれることなく毎年成り立つ会計的な関係であり,いつも成り立つことから恒等式と呼ばれる。下の式はケインズ型の消費関数と言われるもので,消費は所得が増えれば一定の割合で増えていく関係にあることを示す。単純であってもこれは理論であり,実際の消費額はこの理論が示すものからは多

少ずれていくかもしれない。ただ、そのずれ方に規則性はなく確率的ででたらめな散らばりを示すのである。ちなみにクライン・モデルは、8本のうち、3本が恒等式、5本が関数であった。

さて、式が2本で定数（パラメータ）a, bを除く文字が3個だから、この連立方程式から全ての値を解き導き出すわけにはいかない。構造方程式を解いて導ける数値のことを内生変数と呼ぶのに対して、経済構造の外から与えられる変数を外生変数と呼ぶが、構造方程式モデルはこれら2種類の変数の区別を絶対の前提としている。[6] 何を外生変数、何を内生変数とするかは理論によってしか定めることはできない。ここでは下の式に現われない投資が外生変数であるが、投資を外生変数とするのはケインズの経済理論の顕著な特徴である。

さて、これからパラメータa, bの値をデータに基づいて推計していくのだが、恒等式には定義上パラメータは含まれないので下の式だけで推計を行なっていいものだろうか。1本の方程式で、右辺の変数を含む式が左辺の変数を決めるものとしてデータを当てはめて推計を行なうことを回帰分析、そこで使われる式を回帰式と呼んでいる。[7] 回帰分析の手法を用いてももちろんa, bの値を定めることはできる。しかし、これではモデル全体の推計とは言えないのである。その理由は上の恒等式にある。下の式の両辺それぞれに現われる消費と所得は恒等式を介してお互いに結びついている。いわば、恒等式を通じて消費関数の両辺の変数は干渉し合っているのである。恒等式を無視して消費関数だけの推計を行なうと、この干渉を考慮しないことになり推計結果にバイアスがかかってしまうのである。たとえ何本あろうと、構造方程式モデルは全て集まって一つの経済構造を表わしているのであり、1本1

---

[6] 去年の所得の値が今年の消費を決めるのに参考にされるような場合、今年の所得は内生変数でも去年の所得は既に分かっているから一種の外生変数として扱われなくてはならない。これを特別に先決変数と呼ぶこともある。

[7] 回帰分析の場合、左辺の変数を従属変数、右辺の式に表われる変数を独立変数と呼ぶ。独立変数は1個の場合もあるし2個以上の場合もある。それぞれを単回帰分析、重回帰分析と呼ぶことがある。

本の式は干渉し合いながら同時に成り立っている。このため，推計も全ての式の関係を同時に考慮して行なう必要がある。これが構造方程式モデルを同時方程式モデルとも呼ぶ理由である。

4 同時方程式モデルの推計

1998年から2000年まで3年間の日本経済のマクロ・データが下表のように与えられている。

	1998年	1999年	2000年
国民所得（Y）	516兆円	512兆円	511兆円
消費（C）	360兆円	359兆円	358兆円
投資（I）	156兆円	153兆円	153兆円

Y, C, I それぞれの平均値は513兆円，359兆円，154兆円である。上の表の値から，行それぞれにY, C, Iの平均値を引いた値の表を下に示す。

	1998年	1999年	2000年
Y	3 (6)	−1 (1)	−2 (2)
C	1 (2)	0 (0)	−1 (1)
I	2 (4)	−1 (1)	−1 (1)

これでデータの下ごしらえは整った。前節の干渉の問題を解決するために，再び式に着目しよう。行なうべきことは，2本の式から内生変数である国民所得Yと消費Cとを外生変数である投資Iで表わす式を導くことである。係数であるパラメータをよく見ながら式を変形すると次のような2本の式に落ち着く。内生変数を外生変数で表わしたこの形を，構造方程式モデルの誘導形と呼ぶ。誘導形を用いて推計を行なうことで，内生変数の1個1個を直接外生変数に結びつけて相互の干渉を排除するのである。

$$Y = \{a/(1-b)\} + \{1/(1-b)\}I$$

第9章　賢者は歴史に学び，愚者は経験に学ぶ　　115

$$C = \{a/(1-b)\} + \{b/(1-b)\}I$$

　上式のIの係数を求めるには，先ほど下ごしらえした平均との差の表のうち，この式に関係のあるYとIの行を用いる。まず，各列のYとIに関する値を掛け合わせて合計してみてほしい。Y行の括弧のなかは掛け合わせた値だから，合計は9になる。次にI行の各値を二乗して合計する。これもI行の括弧のなかが二乗の値だから，合計は6である。前者を後者で割れば求める係数が1.5として導かれる。下式のIの係数を求めるやり方も全く同じだから，こちらの値は0.5と計算される。2式の定数項は同じかたちをしているが，この求め方は簡単であり，どちらの式でもいいから，データの平均値を当てはめて計算して差を求めればよい。たとえば，上の式であれば次のような計算ができよう。

$$513 = \{a/(1-b)\} + 1.5 \times 154$$

　こうして定数項は282になるはずである。
　さて，最後にこれらの計算結果から構造方程式のパラメータを復元しなければならない。誘導形の2式をよく見れば分かるが，このことは困難でない。たとえば，誘導形の定数項282を上式のIの係数1.5で割ればaの値が出てこよう。188である。また，下式のIの係数0.5を上式のIの係数1.5で割ればbの値になる。こちらは0.33となるはずである。誘導形の計算結果から構造方程式のパラメータを復元できるかどうかの問題を識別問題と呼んでいる。識別が可能である条件は，内生変数の数と外生変数プラス先決変数の数で決まるが，これもコールズ・コミッションの経済学者が取り組んだ主要テーマの一つであった。この問題に解決を与えたのは，後年，ソビエト連邦の経済学者カントロビッチとともにノーベル経済学賞を受賞することになるクープマンスであった。彼はそれまでの経済統計を「理論なき計測」と呼び，同時方程式モデルに基づく計量経済学の方法の優位を多いに喧伝した。

5 時系列分析

　既に述べたように,コンピュータの飛躍的進歩は構造方程式モデルを巨大化させていった。しかし,皮肉なことだが,モデルの巨大化は必ずしも現実の経済のより正確な推計には繋がらなかった。1970年代頃から,このアンバランスが誰の目にも明らかになってくる。今から考えるとこうした事態は,世界中で経済自体の構造が激変したにもかかわらず,それまでのデータをも使いながら構造方程式モデルを推計していたことに原因があったと思われる。だが,この時代,同時方程式モデルの方法自体に問題があるために精度の高い推計ができないのだと考える計量経済学者も現われた。代表的な人物はシカゴ大学のシムズである。彼は,構造方程式モデルが経済理論を前提にしており,理論そのものの妥当性を不問に付している点を疑問視した。確かに識別問題を解決するためには何を外生変数,何を内生変数にするかを決めなくてはならず,その際に計量経済学者は経済理論を援用する。シムズの目には,識別問題に振りまわされるあまり理論を無条件で受け入れているように映ったのである。シムズは,理論を前提にせず,データのみに経済を語らせることを志向した。[8]

　シムズの採用したのは時系列分析と呼ばれる方法である。彼はこれを方法論として一般化して,同時方程式モデルに代わる手法にまで高めようとした。シムズは時系列モデルと呼ばれる,今年の経済データの束を昨年までの過去の経済データの束で説明するやり方を追求した。だが,少し考えてみれば分かるように,この方法はなるべく外側からの制約を加えずに,全てでもって全てを説明する方法である。その分,数値同士の関係はできるだけ単純化しなければならないことは自明だろう。実際,時系列モデルは,経済の内部構造をブラック・ボックスに入れた上で,ある数値の過去からのトレンドと毎

[8) 『エコノメトリカ』に発表された論文のなかでシムズは,同時方程式モデルを使ってきた従来の計量経済学の欠陥を,「信じがたい識別条件」の語に集約して非難した。

年の確率的な散らばりだけから今年の数値を説明するかたちになっている。確率的な散らばりを表わす式の要素を誤差項と呼ぶが，時系列モデルでは同時方程式モデルに比べるとより大きな意味が誤差項に付せられていると言ってよい。

　また，時系列モデルでは，その名のとおり過去のデータが現在の値を決めるときに重要な役割を果しているが，データを束にして扱うときに影響の方向を定める必要が出てくる。たとえば，為替レートは消費に影響を与えるが，消費は為替レートに影響を与えないといった具合である。時系列分析では，こうした因果関係の方向を確定する際にも，理論を援用するのではなくデータで確認しようとする。このため，データを用いて，消費が決まることなしに為替レートは決まりうるが，為替レートが決まることなく消費は決まらないという時間的な前後関係の分析を多用するのである。このデータに基づく因果性の分析は時系列モデルから始まり，80年代にはマクロ経済学の理論の検証にも盛んに使われるようになった。

第10章 ■ラムジーと主観確率論
Ramsey, Frank Plumpton, 1903-1930

人の振り見て我が振り直せ

"Truth and Probability"(「真理と確率」1926年)

1 神々の時代

　同性愛に対する差別は現代に残された最後の差別である，と語るそちらの方面の活動家もいるが，確かに今に至るまで同性愛者は偏見の目で見られてきた。とりわけ，HIVウィルスの感染が広がった現代では，逆にその偏見が強くなっている面もあるかもしれない。しかし，昔から，有名な芸術家や学者にも多くの同性愛者がいた。自らが社会的偏見にさらされている分，既成の観念や道徳観から自由になれることは，もしかすれば，彼らの業績によい影響を与えているのかもしれない。「胡桃割り人形」のチャイコフスキーも，よく知られた同性愛者であった。
　ただ，歴史的に見れば，同性愛者が差別されるようになったのはそれほど古いことではないのかもしれない。上流階級やエリート層には，ホモセクシャルを許容する雰囲気が残っていた。経済学の世界で言うと，華やかなりしころのケンブリッジを彩る有名な学者にも同性愛は多かった。最も有名なのは，20世紀を代表する大経済学者ケインズである。後にケインズは，ロシアの有名なバレリーナであったリディアと結婚して亡くなるまで添い遂げるが，若いころは画家のダンカンとの間にホモセクシャルの関係を結んでいた。ケインズがエコノミストとして世に出るきっかけを作った著作『平和の経済

的帰結』が書かれたのも，ダンカンと2人でギリシアを旅行していた最中のことである。この事実は，経済学者ハロッドが書いた最初の伝記では全く触れられてはいない。当時知らない人はいなかったこの話も，弟子筋にあたるハロッドは隠したかったのであろう。ケインズ生誕100周年に前後して，スキドルスキーやモグリッジによる詳細な伝記が出版されるなかで，生身のケインズの実像も相当明らかになってきたのである。

　ケインズがまだ『一般理論』で世に衝撃を与える前，彼の後輩に天才数学者フランク・プランプトン・ラムジーがいた。ケインズが1883年生まれ，ラムジーが1903年生まれだから，彼らの間にはちょうど親子ほどの開きがある。ラムジーは，ケインズも所属していたケンブリッジのエリート学生団体「使徒会」のメンバーで，論理学や数学，言語哲学の分野で次々と天才的な業績をあげていた。恰幅もよく大柄な，この20代前半の若者もホモセクシャルであり，当時ケンブリッジ大学に滞在していたカリスマ哲学者ヴィトゲンシュタインと同性愛の関係を結んでいた。

　余談だが，オーストリアのウィーンの出で，言語哲学者として有名なヴィトゲンシュタインは，寡作で多くを語らない人であり，何となく神秘性を漂わせている。剃刀のように鋭く研ぎ澄まされた思考をするヴィトゲンシュタインは，最初，言葉は世の中に実在するものを1対1の写像として映し出すものだと考えていた。だから，世の中に存在しないものを語ることは本来できないし，世の中にないことを疑問に思ってはいけない。こうして，彼は学問的な問題から偽の問題を摘発して取り締まる警察官の仕事を，言語哲学者がするべき仕事と考えていた。しかし，ケンブリッジを訪れていたヴィトゲンシュタインに転機が訪れる。それは，イタリアの貴族階級出身で，ケインズの推薦でケンブリッジの図書館長を務めた異色の経済学者スラッファとの出会いであった。リカード全集の監修者として有名なスラッファは，ヴィトゲンシュタインの話を聞いて何も語らず，ただ研究室のなかを歩いて見せたという。禅問答のようなこの出会いによって，ヴィトゲンシュタインは言葉が写像ではなく，社会のなかでやり取りされて人と人とを繋ぐ橋渡しであることを悟ったと言われるが，本当だろうか。このあと，ヴィトゲンシュタイ

ンは以前の考え方を180度転換して，言語ゲームと呼ばれる考え方に向かっていく。意味のない言葉も，嘘も，軽口も，人と人との間で心を繋ぐ会話のゲームと考えるようになったのである。スラッファは，顎をさする仕草をして，このジェスチャーは世界のなかの何を指し示しているか，と問うたとも言う。

このヴィトゲンシュタインとラムジーの蜜月は，しかし，長くは続かなかった。ラムジーは黄疸症状を改善するために手術を受け，そのときの感染症がもとで1930年に26歳という若さで他界してしまったのである。ウィーンに戻っていたヴィトゲンシュタインは急いで死の床に駆けつけ，ラムジーの最後を看取った。

若き天才ラムジーは，経済学の分野でも時代に先駆ける多くの仕事を成し遂げた。次章で見る最適成長理論の最初のモデルは20年代にラムジーが忽然と発表したものである。これが再発見されるには半世紀近い年月が必要だった。また，ラムジーはケンブリッジの経済学教授でケインズの兄弟子だったピグーの依頼で，最適課税論と呼ばれる分野の開拓的な仕事をした。この分野には，オックスフォードのエッジワースも手を染めていたが，望ましい税制をどうやって作るかを学問的に考える領域である。消費税など物品に課税するとき，値上りしても買い手が減らない品物に高い税率を，逆の品物に低い税率を適用すると，課税後の変化が少なくてすむというのがラムジーの結論だった。[1]税率と需要の価格弾力性とを反比例させるという，この課税の仕方を，現在もラムジー・ルールと呼んでいる。

さらに，ラムジーは，ケインズが若いころ熱中していた確率の議論を批判

---

1) 税制の持つべき望ましい性質は三つあると言われ，それぞれ，簡素，中立，公正の語で表わされる。ラムジーが考えたのは，課税が経済活動をできるだけ乱さないことであり，中立の原則に相当する。しかし，たとえば，消費税で需要の弾力性が低い必需品を高税率にし，それが高い贅沢品を低税率にすれば，金持ちを優遇するいわゆる逆進性がますます強まり，公正の原則には反することになる。なお，現代の日本では，経済活動に中立的であることより，積極的に刺激を与えようという考え方が強調されるようになっており，政府は中立を活力で置き換えてものを言うことが多い。

し，結果として主観確率論と呼ばれる考え方の近代版を完成させた。ケインズは，確率は論理学の一環であると考えていた。数学を論理学に取り込んでしまおうという動きは当時のケンブリッジに広くあり，戦後，平和運動で名を馳せたラッセルはその代表者であった。ちなみに，ラッセルの共同研究者で，戦後は濃密でアニミズム的な世界観を有機体の哲学というかたちにまとめたホワイトヘッドは，ケインズの確率に関する論文を資格審査で落選させた張本人である。ケインズも最後はラムジーの考えを認め，ラムジーを追悼する文章のなかで，一言，「彼は正しい」と述べている。

2　展開形ゲーム

　経済学では，2人以上の人が駆け引きをしながら自分の利益を最大にしようと行動することをゲームと呼ぶ。さしずめ，当事者たちはゲームのプレイヤーである。そして，そのときの駆け引きで繰り出す手が戦略（ストラテジー）と呼ばれるものである。経済は駆け引きの世界だから，じゃあ，経済学は全てゲームに還元できるのか，と考えるかもしれないがそうではない。たとえば，価格という目印があって，それを見て自分たちの消費や生産を決めている状況では，経済の構成員は互いに相手の行動に頓着しないからゲームではないのである。

　ゲームと言っても，一斉に手を見せ合うやり方もあれば，順番に自分の手を決めていくやり方もあるだろう。順番に手を決めていくとき，その様子を整理してみるために図を書いてみるのが分かりやすい。**図10**は，二つの企業が増産するか，減産するかの判断をしたときに，両者の得る利益がどうなるかを表わした図で，その形状から「ゲームの木」と呼ばれている。「ゲームの木」でのゲームの表現を展開形と言うが，同時に手を見せ合うゲームなら戦略と利得の表で示すこともでき，そちらを標準形と呼んでいる。梢にある数字は，上下にそれぞれA社，B社の利潤で単位は百万円である。ゲームでは，こうした利益を一般的に利得（ペイオフ）と呼ぶ。

　今年，景気の状況がどうなるかは，最初，はっきり分からないものの，こ

122

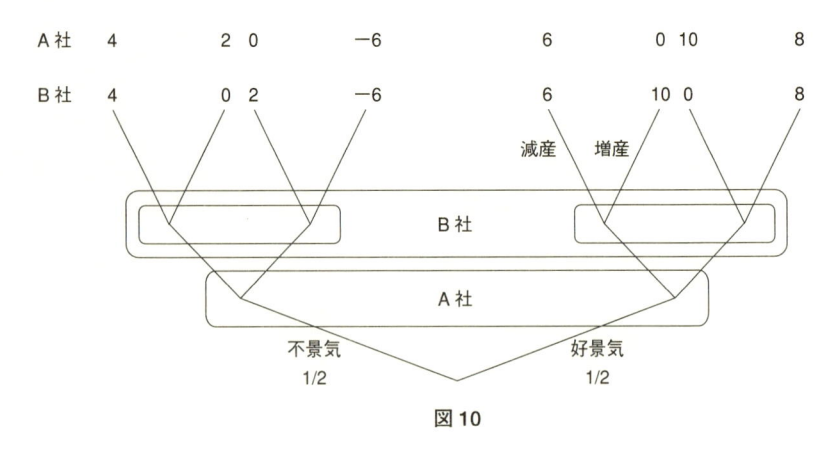

```
A社    4       2  0      －6           6        0 10        8
B社    4       0  2      －6           6        10  0       8
```

減産　増産

B社

A社

不景気　　　好景気
1/2　　　　1/2

図10

れまでの経験から半々の可能性であることは分かっているとしよう。木の根っこは，好景気と不景気とが2分の1ずつの確率で分かれてくる分岐点である。企業が増産，減産の判断をするのと同じように，神様がここで景気の判断をすると考えてもよい。景気の状況が分かると，まずA社が増産するか，減産するかを決める。A社の分岐点を右に行けば増産，左に行けば減産である。A社の判断を見たB社は増産か減産かを最後に決めることになる。

　好景気のとき，利益を見れば分かるように，B社はA社の判断が増産でも減産でも増産を選ぶ。その方が自社の利益が大きいからだ。しかし，A社にとっては大違いである。A社が増産を選び，増産，増産と行くと自社の利益は8百万円だが，減産を選んで，減産，増産と行くと自社の利益はゼロになる。だから，好景気であれば，両社とも増産を選ぶ。

　同じようにして，不景気の場合，両社ともに減産を選ぶことが分かる。ということは，好景気のとき，利益は両企業とも8百万円，不景気のときは4百万円で，確率はそれぞれ2分の1だから，平均した利益，すなわち期待利潤はともに6百万円となる。このような期待利得の求め方は，最後に決断するB社の行動から遡ってA社の行動を決めているので，「後ろ向き帰納法」の名で呼ばれている。

3 情報集合

前節では，B社が，A者が増産の判断をしたのか，減産の判断をしたのかを知っていると考えていた。しかし，これが分からないようなケースもあるだろう。**図10**で，それぞれの景気でのB社の二つの分岐点が線で囲まれているのは，こうした状況を表わすためである。A社が増産したのか，減産したのか分からないB社は，自分がどちらの分岐点に立っているのか知らない。だから，一つの括りにしてしまうのである。この括りのことを情報集合と言う。だから，情報集合が大きい括りになっているほど，事態は不透明で混沌としている。ちょうど，大和絵で禁中の様子をたなびく雲が隠すように，分岐点の様子が隠されているのである。ほんとに隠したのでは説明にならないから，図では雲を透明にしてある。

B社がA社の決断を知らずに自分の決断をするのは，結局，決断の順番が決まっていないゲームと同じことになる。そのとき，相手がこう出たら自分はこうするのが得で，という考慮を表にして考えながらB社は戦略を決めるだろう。他方のA社も，そんな考え方をしているB社を念頭において，それなら，俺はこう出ると決断を下すだろうから，結局，先ほどの後ろ向き帰納法と同じである。A社の決断をB社が知らないときも，好景気ならともに増産，不景気ならともに減産で，結果，期待利潤は6百万円である。[2]

それでは，好景気か不景気かがA社にはよく分かっているが，B社はこれすらも知らないで決断をしなくてはいけない場合はどうだろう。このとき，

---

[2] 相手の判断が分からないとき，事態が変わってくるケースには2種類が考えられる。一つは，相手がまれに合理的ではない判断を下してしまう場合であり，相手の手にぶれがあることから変動ゲームと呼ばれている。このとき，どの程度ぶれるかを一生懸命予測しないと自分の手が決められない。もう一つは，相手の取る戦略と利得の対応がよく分からない場合である。典型的なのは，相手の実力や性質を余りよく知らない場合だが，これを情報不完備ゲームと呼ぶ。こちらでも，相手の特徴を一生懸命思い描くことが必要になる。どちらでも，何らかの確率を自分で立て，それに基づいて決断するしかない。だから，主観確率が必要になるのだが，詳しくは次節で見よう。

情報集合の雲は，B社の分岐点四つを全て覆い尽くすことになる。B社が考えなくてはならない可能性は，A社が，好景気でも不景気でも増産，好景気では増産で不景気では減産，好景気では減産で不景気では増産，好景気でも不景気でも減産，の四つである。それぞれに対して，自分が増産したらどうなるか，減産したらどうなるかを計算する必要が出てくる。B社は好景気と不景気が半々の確率でくることは知っているが，それ以外，自分の置かれている状況を知らないので，全てのケースを考えなくてはいけないのだ。

たとえば，A社が好景気でも不景気でも増産という戦略をとったとする。このとき，B社が増産すれば，好景気のときにともに8百万円ずつ，不景気のときにともにマイナス6百万円ずつの利益となる。確率は半々だから，期待利潤は足して2で割って1百万円ずつだ。同じことをB社の減産についてもやるなどして，全てのケースを表にすれば，期待利潤は下のようになる。

A社の戦略 (好景気時/不景気時)	増産		減産	
	A社	B社	A社	B社
増産/増産	1	1	5	1
増産/減産	5	4	7	2
減産/増産	-3	2	3	4
減産/減産	1	5	5	5

表の組合せの前者がA社の利潤，後者がB社の利潤だから，B社はA社の戦略に応じて，上から，どちらでもいい，増産，減産，どちらでもいい，という判断になる。これを考慮するA社は，B社の思惑のなかで，自分の期待利潤が5百万円と，少なくとも他に劣らない戦略を選ぶから，好景気で増産，不景気で減産を行なってくる。それに対して，B社は増産で応じるのだったから，期待利潤4百万円を獲得できるのである。

前の例では，A社，B社ともに期待利潤が6百万円だったから，B社の情報が欠如していることでB社は当然ながら，A社までも割を食って損をしていることが分かる。私たちの社会，そして，経済活動がお互いの間で深く

関与しあっている以上，自分が情報を獲得するだけでなく，その情報を多くの人々の間で共有し合うことが重要であることがよく分かる。

4 主観確率

将来何が起きるかわからないとき，私たちは確率を使って判断する。しかし，この確率は考えてみると不思議なものだ。本日の降水確率が20％と言うとき，5分の4だけ晴れていて5分の1だけ降っているという状況は想像もつかないし，考えてみても詮無いことだ。この降水確率をもとに傘を持って出るかどうか判断したとしよう。傘を持って出たのにカラカラの晴天ということもよくあるし，たかを括って持たずに出たら土砂降りということもよくある。降水確率20％では，何せ降るか降らないのか曖昧なのである。だが，ことが起きてみれば，思いっきり降っているか，まったく落ちてこないか。確率はどのように存在しているものなのか。

上の天気予報は，このような気圧配置なら過去観測したなかで5分の1程度雨が降る場合があった，ということでコンピュータがはじき出している。このように観測結果から，頻度を求めたものを客観確率と呼ぶ。子供のころの授業で，コインを100回くらい投げて表が出るか，裏が出るかを記録したあれである。それでは，確率とはこの客観確率だけなのだろうか。

コインについても，サイコロについても，ものに歪みがなくきれいな投げ方をするという仮定の下で，表が出る確率が2分の1，5の目が出る確率が6分の1と誰しも断言することができる。これが論理確率である。ケインズは数学者になる夢に燃えていた若いころ，この論理確率の考え方を拡張し，論理的にはっきりものが言えない場合，確率という形式でものを言うことを考えた。$1+1=2$のようにはっきりしているときは確率1，その内容が嘘のときは確率ゼロである。「サイコロを投げると5の目が出る」という命題の確率値は，だから，6分の1ということになる。ケインズは，それだけでなく，「お金の量が増えると好景気になる」というような経験的な学問命題も，普遍的に確率を付与できる論理的命題と考えたのである。この辺から，話が

怪しくなる。これをやってしまうと，全ての学問は論理学であるということになる一方で，どんなでたらめ話も確率がゼロでない限り，ほんのちょっとは真実だということになるからだ。

これに噛み付いたラムジーは，ケインズの混乱を，学問的な命題を数学的で論理的なトートロジーのそれと，知っておくと役に立つから命題にする経験的なそれとに峻別することで整理した。そして，確率は数学に属するトートロジーの関係だから，それ自体，真実であり，他の論理や数理が人間の行動を律することで有用であるように，私たちの決断に有用であるとしたのである。まさにケインズにとっては，負うた子に浅瀬を聞くような思いであっただろう。

そして，ラムジーは，ケインズが，人間は不確実な状況では必ず確率を考えて決断に役立てるとした点を受け継ぎ，主観確率の考え方を定式化した。実は主観確率については，ずっと昔，ベイズという代々数学者の家系に生まれた人が，かなり自覚的な体系化をしていた。このベイズは，現代も経済学の思考の中心にある効用の考え方も既に自分のものにしていたから，現代経済学のアダムのような人である。しかし，主観確率を現代に復活できる形に鍛えなおしたのは，やはりラムジーの業績である。ラムジーの仕事は，時を経てシカゴ大学の統計学者サヴィッジに受け継がれ，より厳密な基礎付けを与えられた。サヴィッジも多彩な人で，統計学の他に古生物学にも手を染めている。鳥類の祖先とされる恐竜の骨の化石を，アメリカの砂漠で発掘したりするあれである。

主観確率とは，将来の分からない状況では，人は各自それぞれに，足すと1になるという条件の下で全ての可能な状況に自分なりの確率を付与し，それを決断のよすがとするという考え方である。だから，同じような判断を迫られている二人の間でも，この確率は当然違い得る。そんな計算なんかしていないよ，と言うかもしれない。しかし，分岐点で右の道を進んだということは，右の道の方にいいことが待っていると考えたからである。いいこととは大きな喜び，大きな効用である。こうして効用を予測するとき，人は必ず，無意識のうちにせよ，おそらくこうなる公算のほうが大きいという判断をし

ていることにならないだろうか。主観確率とは，この無意識の判断の構造を探るものである。[3]

図10にも書き込んでおいたように，最初に増産か減産かの判断をするA社が，一つの情報集合しか持たず，決断の時点で好景気か不景気かを知らないとすれば，ここで自分なりの主観確率を考えなくてはならない。最初に与えていた半々の確率は，これまでの経験からそうなることが知られた客観的なものだった。A社がどうにも分からなくて，結局半々と考えるか，それとも別な基準を持ちこんで3分の1と3分の2の確率を付与するかは，当人次第なのである。

5 ベイズの公式

主観確率が当座の判断であり，不完全なものであることは，おそらく主観確率を抱く当人も自覚していることだろう。だから，主観確率とは，徐々に改善されて客観的なものに近づけていくことが，本質上，求められているものだと言える。最初，確率についてある判断をしていた人が，状況を見て判断を修正したとき，前の確率を事前確率，修正後の確率を事後確率と呼ぶ。事前確率を事後確率に変換するときの合理的なルールは，創始者にちなんでベイズの公式と呼ばれている。

今，就職活動中の学生がいるとしよう。彼女が就職先を決めて，そこで働き出した場合の満足度は，経済の状況に応じて下のようになっているとしよう。表の数値は効用だから，彼女だけの内面的なものであり，単位はない。

---

[3] 不確実性下での人の行動を観察するとき，その人が自分の効用の値を自覚しているとすれば，その人が無意識に考えた主観確率の値を導くことができる。ラムジーは基本的にこういう導出の仕方を取った。逆に，その人が主観確率を自覚しているとすれば，行動の観察から，その人の効用の値を，適当に原点と目盛りを定めることで導ける。ゲーム理論の創始者であるフォン・ノイマンとモルゲンシュテルンは，確率を伴う戦略を考えるときに，その確率を直感的に与えられるものとして，効用の公理的な定式化をおこなった。

	好景気	不景気
製造業	50	40
金融業	80	20

　彼女は何となく好景気になる確率が3分の1，不景気になる確率が3分の2と思っている。この主観確率をもとに期待効用を計算してみると，それぞれの確率を表の効用に掛け合わせて合計することで，製造業が約43.3，金融業は40という値になる。こうして彼女は，製造業中心に面接を受けるという判断をする。

　ところで，過去の記録によれば，企業の求人数が多いとき，その後，好景気になったケースが全体の4分の3，少ないにも関わらず，その後，好景気になったケースが4分の1であることが分かっているとする。そして，就職課の人は，今年は昨年よりもだいぶ求人が多いと言う。ここで，当然，彼女は，自分の主観確率を変更したいと考えるはずである。なぜなら，求人数の増加はある確率で好景気になる公算が強まったことを示しているからだ。この変更規則，こうしたら無駄なく情報を利用できますよというルールが，ベイズの公式である。とりあえず，その公式に基づいて事後確率を計算すると，彼女の好景気になるという主観確率は次のように変更される。

$$(1/3 \times 3/4) / (1/3 \times 3/4 + 2/3 \times 1/4)$$
$$= (3/12) / (3/12 + 2/12)$$
$$= (3/12) / (5/12)$$
$$= 3/5$$

　ご覧になって分かるように，この計算は，求人数が多かったという情報をもとに，全体の可能性のなかで好景気になる可能性の比を計算するかたちになっている。確率の性質から，不景気になるとする主観確率は5分の2だが，同じように計算して確かめてみていただきたい。

　つまり，新しい事実が明らかになることで，彼女は確率的な判断を変更し，

前は不景気になる公算が強いと踏んでいたのに，事後では好景気になる可能性が高いと考えるようになった。事後確率で，製造業と金融業の期待効用を求めると，それぞれ46と56になり，彼女は訪問先を金融業中心に切り替えるのである。

　ベイズの公式が教えてくれる教訓は二つではなかろうか。一つは，状況や情報を無視して自分の信念にすがってはならないということ。逆に，もう一つは，情報に振り回されて自分のこれまでの信念をかなぐり捨てるのも禁物だということだ。自分は，それなりの根拠と思いに基づいて信念を形作ったはずであり，それはそれで十分な価値を見出すに値するのだ。

第11章 ■クープマンスと最適成長理論
Koopmans, Tjaling C., 1910-1984

思い立ったが吉日

"On the Concept of Optimal Economic Growth"
(「最適経済成長の概念について」1965年)

1 職人経済学者

　クープマンスほど戦後アメリカの経済学を代表する人はいないかもしれない。もちろん，そんなことを言えば異論も続出するだろう。サムエルソンがいるではないか。アローはどうか。フリードマンやトービンの影響力も極めて大きかったぞ，などなど。これらの経済学者もかつて経済学のあらゆる領域をリードしてきたし，そして，現在もなお，そうし続けている。だが，どこかが違うのである。サムエルソンやフリードマン，イェール大学の同僚トービンはマクロ経済学の方法や政策的な議論に参加したし，トービンはケネディ大統領の下で政策ブレーンとして働いた。しかし，クープマンスは，シカゴ大学のコールズ研究所に集まった経済学者たちをまとめ，計量経済学の基礎を確立する主導的な役割を果たした。このなかでいくつかの方法論的な論文もまとめている。クープマンスは，あまり生臭っぽくない，学者らしい学者なのである。
　学者らしい，玄人好みの経済学者としてはアローもいる。アローもまた政治的な発言は一切せず，経済理論の新分野を次々と切り開いてきた。だが，アローが切り開いた分野は，社会選択理論，一般均衡理論，技術進歩の理論，不確実性の経済学と，時代時代で人々の耳目を引きつけるような華々しいも

のが多い。これに比べても，クープマンスの業績は玄人好みで研究上の実用性が高いのである。一言で言うなら，クープマンスは職人肌なのだ。

　ジャーリング・クープマンスは1910年，オランダに生まれた。オランダと言えば，イギリスに先駆けて海上交易を制し，商業国家としての地位を確立した国である。我が日本にいち早くやってきて江戸時代を通じて長崎の出島で外交，交易を続けたことでもよく知られている。海上の経済大国だから，文化や技術が古くから発展した。当時最高のハイテク技術であった時計やレンズの製作，オルゴールや陶磁器でも現在に至るまで高い品質の製品を生み出している。国全体が手を使った職人文化であると言っていいかもしれない。平和を好み，静かで実のある仕事を続けた経済学者クープマンスも，こうしたオランダの伝統がその素地を形作ったのかもしれない[1]。

　クープマンスはもともと経済学者として教育を受けたのではなかった。彼はライデン大学では数学と物理学を専攻し，大学院で両方の博士号を取得している。そんな彼に転機が訪れたのは，第2次世界大戦の勃発を機にアメリカに招かれ，その地で得意の数学を生かして連合軍の兵站輸送の計算をしたことだった。第2次世界大戦のような大きな戦争では，物資や人員を無駄なく速やかに目的地に運べるかどうかが戦闘の勝敗を左右する。少し考えてみれば分かるが，さしものアメリカとは言え，限られた数の輸送船で世界中の港に兵站を運ぶときに配船をどうするかはかなり複雑で重要な計算問題となる。今ならコンピュータですればいいと言うところだが，当時はまだコンピュータは開発段階である。第一，どういう計算をするかというソフトもまだない。クープマンスが中心となって開発にあたったのはこの計算法であり，実際の計算もまた彼の指揮の下に行なわれた。後にこの分野は線形計画法としてクープマンスによって大成される。また，線形計画法で大きく実用化への一歩を踏み出した線形数学を使えば，多くの企業と家計とが絡み合って調

---

[1] クープマンス家は家族で器楽演奏を楽しむ音楽一家であった。彼自身も生涯音楽を愛し，ヴァイオリンなどの演奏を好んだようである。彼の研究スタイルは，言葉ではなく，演奏や作品によって語る音楽家のそれなのかもしれない。

和を織り成している経済の全体像を，計算可能なかたちで明瞭にモデル化できる。線形数学を経済学に応用した分野をアクティビティ・アナリシスと言うが，クープマンスがこの仕事を成し遂げたことで，価格と数量との対照的な関係や競争経済の効率性や最適性が一目瞭然となったのであった。クープマンスはこれらの業績によって，1975年，ソ連邦のカントロヴィッチとともにノーベル経済学賞を授与された。[2]

1940年にアメリカに移住し，第2次世界大戦終結後も当地にとどまったクープマンスは，前述の通りコールズ研究所での計量経済学の確立にも主導的な役割を果たした。皆がまだ若かったこの研究所での活動をまとめ，方向性を与えたのがクープマンスだった。計量経済学については第9章ですでに見た通りだが，国家経済研究所でミッチェルが中心に行なっていた景気観測を「理論なき観察」と断じ，計量経済学確立の意義を天下に示したのもクープマンスだった。

そんな彼が，50年代後半から60年代前半にかけて大きな研究ブームを迎える成長理論の分野で研究をリードしたのが，最適成長理論であった。アメリカは50年代に他国を凌駕(りょうが)する経済成長と繁栄を誇示したが，60年代になるとヨーロッパでは西ドイツが，アジアでは日本が高度成長と呼ばれた極めて速いGDPの成長を見せるようになる。また，鉄鋼生産や石炭採掘などのいくつかの分野では，ソ連邦の伸びがアメリカを凌駕していた。さらに，アフリカやアジア，ラテン・アメリカに広がる発展途上国でも，いかに速い成長を成し遂げて先進工業国の水準に追い付くかが大きな関心事であった。これらの背景によって，経済学においても成長の条件に関する研究が盛んになったのである。

成長理論のなかでも経済学的に最も深みのある最適成長の理論は，しかし，

---

2) 線形計画法はその名の示す通り，企業の生産計画などの作成に有効性を発揮する。これを国家規模で行なえば，計画経済を支える基本手法となり得るのである。また，競争経済はうまく機能すれば，計画的に経済を運営するのと同じ結果をもたらすことが知られており，市場経済と社会主義的な経済運営の目指すところは見た目の差ほど違いがないと言える。

クープマンス一人によって開発されたのではない。アメリカではほぼ同時にキャスが，また，日本人でも宇沢弘文が同様の論文を発表している。さらに言えば，ほぼ完成したモデルが，1928年という早い段階で，イギリスの天才数学者ラムジーによって発表されていた。前章で見た，あの26歳で夭折したラムジーである。「貯蓄の最適理論」と題されたこの論文は，ケインズが編集長を務める学術雑誌に投稿され，ケインズとの議論を踏まえた加筆の後に発表された。以後，この業績は埋もれたものになっていたから，上記の3人の仕事はラムジーの理論の再発見と言えるのである。もちろん，時代が違うので使われている数学も，クラシックカーとマイコン制御の車くらいの違いはあるのだが。[3]

2　代表的個人モデルと最適成長

私たちは，今年お金を貸せば，来年その元本と利子とを合わせたものを返してもらうのが当たり前だと考えている。元本に対して利子がどのくらいの割合かを百分率で表わしたものが利子率である。たとえば，100万円貸して元利合計で105万円を1年後に返してもらえば，利子率は5％ということになる。5％は0.05だから，利子率5％のとき，元利合計の元本に対する割合はどんなケースでも1.05倍だ。逆に言えば，1年後の105万円は今年のお金になおして考えると，1.05で割引かれて100万円になる。来年手に入る300万円は1.05で割引けば，今年の価値になる。将来の所得を利子率の倍率で割引いた値を割引現在価値と言う。2年後の300万円なら1.05で2回割ればいいし，10年後の300万円の割引現在価値を求めるには1.05で10回割ればいい。

---

3) 60年代の3人は，最適成長の条件を見出す際に，ソ連邦のポントリャーギンが発見した最大値原理を用いている。これは，冷戦下，ソ連邦がアメリカとの宇宙開発競争に勝とうとロケットの軌道を計算するために開発した手法である。これに対して，最大値原理がまだなかった時代のラムジーは変分法という，今となってはレトロな香りのする計算法を用いていた。

問題はどうしてこんな利子率が存在するかだ。当たり前のようなことが，よく考えてみるとあまりよく分からない。100万円を貸したときにどうして1.05倍にして返してもらうか，自分の心のなかで考えてみるとどうも二つの理由がありそうだ。一つは，経済が成長しているからである。経済が成長するということは，通常，私たちの所得もそれと同じスピードで増えるということだ。このスピードが今年から来年にかけて3％だとすると，来年の年収は今年の年収の1.03倍になる。だとすれば，来年に比べると今年のお金は自分にとって1.03倍貴重だから，これを今年相手に渡して来年所得が増えてから返してもらうからには同じ1.03倍にしてもらわなければ損になる。

　じゃあ，経済が成長していないとき，つまり，経済成長率が0％のときは無利子でいいのだろうか。確かに経済成長率が低いときは，それが高いときに比べて低金利でいいような気はする。でも，やはり若干なりとも利子をもらわないと損したような気がするのはなぜだろう。これは，自分で使ってもよかった所得を今年使わず，我慢して相手に渡したのだから，お礼をもらっていいはずだと思うからだ。なぜこう思うかと言えば，今お金を使って今消費を楽しむ方が，同じお金を来年使って来年消費を楽しむよりいいと人は思うから，としか言えない。つまり，人には，どうしてか分からないが，楽しみを待ちきれない思い，辛抱しきれない気持ちがあるのである。この気持ちは時間選好と呼ばれる。1年後よりどれくらい今年を重視するかの割合は時間選好率である。[4]

---

[4]　昔から，経済学者はなぜ人が時間選好を持つのかを考えようとしてきた。だが，いずれの答えもネガティブなものであった。たとえば，人は不合理だから辛抱できないとか，将来の喜びをありありと感じる想像力が欠如しているから，とか。私は，人々が老化しやがて死んでいくからではないかと考えている。こう考えると時間選好を合理的に理解できるのである。同じお金を使っても，若いころの方が年取ってからよりも大きな喜びを感じることができる。感性も豊かであるし，身体も元気に自由に動くからである。また，人生の終りまでの時間の長い方が，喜びの記憶や経験を反芻したり利用したりして大きく楽しめる。人間は皆1年毎に年老いていくのだから，誰しも同じお金でも将来になればなるほど金額を割引いて考えるのは自然と言えよう。これまでの経済学では，老化や具体的な死について考慮に入れていなかったため，時間選好を不合理なものと考えてしまったのである。

今この時間選好率が2％であるとし，経済成長率が先の例のように3％であるとしよう。この経済では，人は自分の所得の増加を考慮して100万円の1.03倍の元利返済を要求する。さらに，時間選好からその1.02倍を返してもらうことを求めるだろう。1.03×1.02 は1.0506，つまりほぼ1.05だから，このとき，利子率は5％になる。利子率のベースがどうやって決まるか，本章で述べると第6章で予告しておいたが，この例から明らかなように時間選好率プラス経済成長率がその答えになる。

　利子率がずっと5％であれば，100万円を貸しっぱなしにしておいて毎年5万円ずつ利子を受けとることが可能である。このことが当たり前になって，自分がいくら元本を貸していたかを忘れても，毎年入ってくる利子が5万円で利子率が5％であることさえ分かっていれば，5万円 ÷ 0.05 から元本の100万円を求めることは可能である。個人のお金の貸し借りから飛躍して，経済全体の所得のことを考えたとすると，この貸しっぱなしの元本100万円を資本と言い，毎年入ってくる5万円のことを資本利子と言う。

　図11をよく見ていただきたい。この図には後節の説明の都合上，多くの内容を描きこんでいるので分かりにくいが，とりあえず必要なのは横軸，縦軸と右上がりの曲線だけである。横軸は所得を生み出すのに必要な建物や設備，機械等，資本の金額を測っており，縦軸はその資本を使って私たちが働くことで生み出される所得の金額を測っている。ただし，どちらも一人あたりとしているのは，時間選好のように心理的な問題を考えるには，個人に話を限定した方が分かりやすいからである。また，第4章で見たように，現時点での多くの経済参加者の絡み合い，多くの品物からの選択を問題にする一般均衡の議論に対し，ここで扱っているのは，どの時点で消費するかの選択とそれに伴う投資の判断である。だから，人と人との関係や品物のバラエティーは捨象した方が考えやすいのである。これを異時点間均衡の問題と呼ぶことがある。そこで扱われるのは，経済のなかの一般的な「ひと」，あるいは平均的な人物であり，そうした枠組みを総称して代表的個人モデルと呼んでいる。

　今，この人物がそこで働き操作する資本の量が増えていったら何が起きる

図11

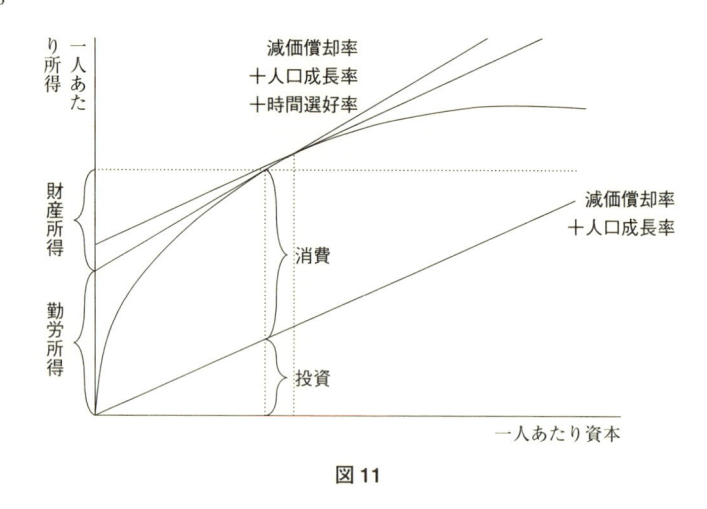

(図のラベル:
一人あたり所得
財産所得
勤労所得
減価償却率＋人口成長率＋時間選好率
減価償却率＋人口成長率
消費
投資
一人あたり資本)

だろうか。より多くの品物やサービスが生産でき，所得が増えていくであろう。しかし，それら資本を使って働く人間は所詮一人である。徐々に所得の増え方は頭打ちになっていく。これが一人あたり所得と一人あたり資本との関係を表わす曲線の意味だ。この曲線の，それぞれの点での傾きは資本の限界生産性と呼ばれるが，一人あたり資本があと1万円増えたときに，毎年の所得がいくら伸びるかを表わしている。もし，時間選好率が資本の限界生産性より低ければ，今年1万円の消費を我慢して来年以降の所得を増やしたほうが得になる。自分が来年以降を割引いて考える以上に所得が増えてくれるからだ。こうして人々は，消費を少し切り詰めて投資を行なうことを選び，徐々に資本は増えていく。そして，一人あたり資本額は，曲線の傾きが時間選好率に等しいところで落ちつくのである。[5]

　最大の満足を保証してくれる消費額をもたらす水準に向けて，資本の蓄積を進めていくとき，このスピードを決める要因は二つあると考えられる。ま

---

5) ここに示した関係については，ラムジーが数式で示したものをケインズが言葉で分かりやすく解釈して見せた。ちなみにラムジーは，時間選好を不合理なものと考えていたので，いちばん単純なモデルでは時間選好率を導入して資本額を決めることをせず，「至福（ブリス）」状態の消費額を仮定した。

ず，目指す資本額より今の資本額が小さければ小さいほど，投資のスピードは速いだろう。より大きな満足へ早く到達した方が，トータルとしての満足は大きいはずだからだ。しかし，速ければ速いほどよいわけでもない。資本を蓄積するためには，その分，より大切な今年の満足を犠牲にしなければならない。この両方のバランスがとれたところでスピードが決まるのである。犠牲にする今年の満足感は，消費が増えたときに満足の伸びが急激に減っていく人ほど少なくて済む。つまり，少しの消費で満足してしまう人ほど，今年慌てて消費せず将来へと消費額を分散した方が得なのである。足るを知る国民性であればあるほど，発展段階で高度成長しやすいということだ。

3　新古典派の黄金律

　これまでの話では，一度蓄積した資本は未来永劫使えるように仮定していた。だが，実際には建物や設備，機械などの資本は年々古くなったり陳腐化したりして，価値を失っていく。これが減価償却だが，だとすれば，なにもしない限り，大事な資本は毎年毎年資本額に減価償却率を掛けた分だけ減っていくということになる。この金額を毎年投資しないと今年の一人あたり資本額を来年も維持することはできない。この関係を図で表わすと，**図11**のように原点から減価償却率の傾きで引いた直線の高さが，償却された資本の補塡のために行なう毎年の投資額になる。

　同じような投資が，このモデルが代表的個人モデルであることから，さらに追加的に必要になる。それは，新しく大人になり働き手として経済に加わってくる子供たちへ資本を割り当てるための投資である。就業者数の増加率が人口成長率に等しいとすれば，一人あたり資本額に人口成長率を掛けた金額だけ，毎年追加的な投資をしないと一人あたり資本額は年々減っていく。一人一人の大人の扱っている資本を，ちょっとずつ新社会人に割り当てなければならないからだ。だから，逆に，自分の手持ち資本に人口増加率を掛けた分，余分に投資をすれば，皆で分担して新社会人に自分たち大人と等しい額の資本を準備できるのである。[6]

つまり，減価償却率と人口成長率を加えた傾きを持つ直線の高さの分だけ，毎年投資をすることが，一人あたり資本額を一定に保つための条件ということになる。このことから，補塡のために必要な投資の直線と一人あたり所得額の曲線との垂直方向の差額が，毎年の消費額となる。図11をよく見ると，この差は場所によって違い，ある資本額で最大になることが分かる。この一人あたり消費額最大の点では，資本の限界生産性と，人口成長率と減価償却率の和が等しいことも図から確認できるだろう。この性質を経済学者フェルプスは「新古典派の黄金律（ゴールデン・ルール）」と呼んだ。[7]

だが，実際の一人あたり資本額は，黄金律の水準よりも少し低いところで安定するはずである。なぜなら，前節で見たように，時間選好のため人々が年々の投資額を抑えようとするからだ。減価償却と人口成長がある場合，投資をすることで個人が得するのは，資本の限界生産性から減価償却率と人口成長率をともに引いた値だから，これが時間選好率より大きければ新規に投資を増やしたほうがいい。結果，望ましい一人あたり資本額は，一人あたり所得の曲線が持つ傾きが，時間選好率，人口増加率，減価償却率の和に等しいところに落ちつく。これは時間選好率の分だけ，黄金律水準の手前を指し示すのである。[8]

---

6) 技術進歩がただ人々の労働のパワーだけを増大するように起きれば，元のパワーで測って就業人口がたとえば1.2倍になったのと同じことになる。「一人あたり」の考え方を基準年の一人あたりのパワーとすれば，この意味での技術進歩率と人口成長率の和に資本額を掛け合わせた分だけ補塡投資をしないと，「一人あたり」資本額を維持できない。技術進歩の種類については次章で見るが，上記の技術進歩はハロッド中立的技術進歩と呼ばれるものである。

7) ずいぶん仰々しい名前だが，これは若きフェルプスのアメリカン・ジョークである。『エコノメトリカ』誌に短い論文を発表したとき，フェルプスはまだ大学院生であった。発見の感動もあったろうが，彼は自分を茶化して少しウケを狙ったのである。

8) 最適な一人あたり資本で経済が運行されているある年，突如生産性が上がったり下がったりしたとする。これは一人あたり所得の曲線を，原点を軸に上，または下に移動させるから，そのときだけ所得が増えたり減ったりすると同時に最適な資本額も変化する。この事情は，新しい最適な水準に向けた投資や消費の増加を促すだろう。こうして，生産性のショックがある年だけ起きても，その影響は資本額の変化を通じて複数の年月に渡ることになる。これを景気変動の原因と考える見方があり，実物的景

4 最適資本ストックと投資

これまでは図11を最適成長という観点から解釈してきた。ここで少し現実的に，従業員と株主からなる企業を考え，図11を別の角度から見なおしておこう。この図がある従業員一人について描かれているとすれば，一人あたり資本額はこの人が受け持つ株主資本の金額ということになる。一人あたり所得額は従業員一人が作り出す付加価値額である。この付加価値は株主が所有する資本と従業員の勤労との合作だから，設備や機械の貢献分が株主に，残りが従業員に分け与えられることになる。資本の貢献は，資本の限界生産性と一人あたり資本額を掛け合わせたものだから，図11に描きこまれているように，接線の延長が縦軸と交わるところで上下に，資本からの財産所得と従業員の勤労所得に分かれる。もちろんどちらも従業員一人あたりの平均である。

企業は，図11の最適成長の点に対応する最適な資本ストックを蓄えようといつも考えているはずである。なぜなら，資本の蓄積が進んで賃金への分け前が上がっていく状況の下，最適な資本ストックで収益から原材料費と人件費を引いたものが最大になるからだ。だが，現在の資本ストックと最適な資本ストックとの差を埋める投資をするとき，投資資金の調達は必ず利子率という費用を伴う。社債を発行すれば，償還まで毎年の支払利子が費用になるし，新株を発行しても株主は最低でも利子分だけの配当は当然のこととして要求するはずだ。だから，収益から原材料費と人件費を引いた粗利益率の増加幅が利子率に等しくなるところが，企業にとって最適な資本ストックである。前者をケインズは「資本の限界効率」と呼んだが，これは私たちの資本の限界生産性に対応するものである。[9]

気循環の理論と呼ばれている。
9) 第7章のトービンは，資本の限界生産性を利子率で割った値をアルファベットのqで表わした。これがトービンのqである。本文の説明から明らかなように，qが1よ

であれば，最適な水準と実際の資本ストックとの差に気付いた時点で，企業は速やかに資本額の調整を行ない，どの企業も常に最適資本ストックを達成しているはずである。しかし，実際には資本ストックの調整は徐々に行なわれる。アメリカのジョルゲンソンは，この事実を踏まえた投資決定の理論を提起したが，なぜかを説明しなかった。第9章のハーベルモがこの欠点を指摘した後，グールドやルーカスといった経済学者によって投資の調整費用を取り入れた説明がなされた。調整費用というのは，投資をすると機械の調整や従業員の慣れが済むまで余分な時間やお金がかかる，その費用のことである。この調整費用があるとその分，資本の限界効率よりも「投資の限界効率」[10] は低い値になり，利子率に一致するのはより少ない投資額のとき，ということになってしまうのである。こうして，投資しては，以前からの資本や従業員に馴染ませ，馴染んだらまた投資を行ない，という具合に徐々に差を埋めていくのだ。

5　ケーキの食べ方問題

私たちが時間選好を持っていることは，好きなものを早く食べたいという待ちきれない気持ちがあることを考えればすぐに理解できる。有名なケーキの食べ方問題というのを考えてみよう。今，ケーキ屋さんでアルバイトしている彼女からもらったケーキが41個あるとしよう。ものが腐りやすいケーキであることがみそで，どうしても今週と来週とで食べてしまわなければな

り大きいとき，企業にとって投資をしなさいというサインが出ている。この本来のqは後に「限界のq」と呼ばれることになるが，トービンはこの値を，発行株式の時価総額をその企業の純資産額で割ることで簡単に求められるとした。後者のqは後に「平均のq」と呼ばれて前者と区別されるが，理屈通り，株価総額が（毎年の利益）/（利子率）で，純資産額が（毎年の利益）/（資本の限界効率）で求められるならば，両者が一致することは簡単に確かめられる。

10)　ある投資プロジェクトがもたらす毎年の粗利益を割引いて投資金額と一致させるような割引率を，アメリカの経済学者フィッシャーは内部収益率と呼んだ。これは「投資の限界効率」と同じものである。

らない。友達にあげようにも，大学の休業期間中で出払っていてあげるにあげられない。もともと自分は甘党だし，彼女も自分の好みを知っていて残り物をもらってきてくれたのだから，自分で食べてしまいたい。このとき，今週何個，来週何個食べるのがよいかという問題である。

問題を解くための前提として，彼氏がケーキを食べたときの満足感は，1週間に食べたケーキの個数の平方根になるとしよう。平方根は，個数が増えれば増えるほど大きくなっていくが，5個から10個に増やしたときの満足の増え方よりも20個から25個に増やしたときの満足の増え方がはるかに小さいという性質を持っている。これは，私たちの満足のあり方をよく表わしている。どんなに肉が好きな人でもステーキを3枚食べればもう結構ということになる。そして，1枚目の美味しさより3枚目の美味しさははるかに小さいだろう。また，彼氏は来週と今週，同じ個数のケーキを食べたとしても，現時点で見て来週の満足感を今週の8割と考える。0.8は4/5，つまり1/1.25だから，この人は来週の満足を25％の時間選好率で割引いて考えていることになる。

これだけの準備が整えば，彼はケーキの食べ方計画が決定できる。そして，彼女からもらったケーキの最も賢い食べ方を実現できるのだ。まず，私たちの満足がすぐに頭打ちになってしまうことから，2週間である量を食べるなら，それぞれの週に食べる量をできるだけ均等にした方がいい。しかし，半分半分というわけには行かない。時間選好があるからだ。両方を均等にして比べるには，時間選好を考慮し，どちらかの時点を基準にして測った満足感に合わせなければならない。たとえば，来週の満足感で測れば，今週のそれを8割にして考えなければならない，というように。したがって，両方の条件から次の式が成り立つ。

$$\sqrt{(今週食べる個数)} \times 0.8 = \sqrt{(来週食べる個数)}$$
$$(今週食べる個数) \times 0.64 = (来週食べる個数)$$
$$= 41 - (今週食べる個数)$$
$$(今週食べる個数) \times 1.64 = 41$$

$$(今週食べる個数) = 25$$

　だから，今週は 25 個，来週は 16 個食べればよろしい。そんなこと，いちいち計算で説明されなくても分かるよ，という声が聞こえてきそうである。だが，だからこそ，人間は不思議で面白いのだ。

第12章 ヤングと技術進歩論
Young, Allyn Abbott, 1876－1929

日の下に新しきものなし

"Increasing Returns and Economic Progress"
（「収穫逓増と経済進歩」1929 年）

1 アメリカからイギリスへ

　ヤングが生まれたオハイオ州はアメリカ北部にありながらも昔から片田舎の風情を持った州である。昔から荒くれた力強い男たちを輩出してきた。南北戦争のころ，叩き上げの名将たちの多くがオハイオ州から出ていることも偶然ではなかろう。ちょうどその南北戦争を節目として，アメリカは工業国への道を驀進し始める。ヨーロッパに比べると工業の後発国であるアメリカではもともと技術導入への関心は高かった。しかし，多くの発明家や技術者を輩出した19世紀末から20世紀初めにかけては，技術の問題に関心が高まり，生産性向上こそが経済的進歩の源泉だという考え方がアメリカに定着した時期と言っていいだろう。

　フロリダ州タンパには自動車王フォードと発明家エジソンの別荘が仲良く

---

1) 南北戦争はアメリカが南部と北部とに分かれて戦った戦争であり，1861年に始まり1864年に終わった。直接的な対立は即時・無条件の奴隷解放か補償付きの漸次的奴隷解放かということにあったが，背景には工業の勃興する北部と綿花栽培を中心とする農業に依存する南部との経済的利害対立があった。南部・北部ともに多くの優れた軍事指導者や戦争の英雄が現われ，現代アメリカ人の持つメンタリティーの一つの源泉ともなっている。

並んで建っているが,彼らが活躍したのはこの時期である。フォードの方には経営者の才能もあり自分の会社を世界最初の巨大自動車メーカーに仕立て上げたが,エジソンの方には発明の才能はあれども経営者としての力量はなく,結局一生財をなすこともなく一研究者として逝った感がある。その発明の才の方でも彼の市場を読む眼力が乏しかったために,二者択一で選んだ技術はヒットせず,かえって他方を選んだライバルに水をあけられることの方が多かったようである。それはともかく,面白いのは二人が共にアメリカのこの時期に現われ,アメリカン・ドリームの一つのパターンを築いていったことである。

とは言うものの,当時のアメリカ経済がヨーロッパに比較した場合,新興の後発地域であったのと同じように,経済学でもアメリカは研究の中心ではなかった。経済学はそれが産声をあげたイギリスやドイツ,オーストリア,そしてフランスといった国々が研究の中心地であり,アメリカは何人かの国際的に知られた経済学者を出すようになってはいたが,これからという時期であったのである。したがって,経済学を学ぼうとする若者の多くはヨーロッパへと渡っていった。

だが,世紀が変わるころからアメリカにも高度な研究が現われ始める。代表的なのはアービング・フィッシャーによる貨幣や利子の研究である。地方分権の思想が根強く,現在に至るまで単一の中央銀行を持たないアメリカでは,貨幣量の変動が原因で景気循環が生じることがままあった。フィッシャーの貨幣への関心は,そうしたアメリカ的事情を反映しているように見える。このフィッシャーと同じころ,経済学の世界に現われたのがヤングであった。ヤングは当時も今もフィッシャーほど知られた経済学者ではないが,技術進歩というアメリカ的な主題を初めて本格的に経済学の俎上に載せようとした点で特筆すべき人物である。ヤングはアメリカ統計局等の仕事を経て,1927年にイギリスへ渡りLSEの教授に就任する。しかし,残念ながらその2年後,まだ53歳という若さで亡くなった。その前年,エコノミック・ジャー

---

2) 当時のLSEは,ロビンズの下に多くの比較的若くて優秀な経済学者が集まり,活況を呈していた。

ナル誌に発表した論文「収穫逓増と技術進歩」は時代に先駆けた論文として，技術進歩の研究に多くの示唆を与え続けてきたのである．

2 技術進歩を考える

経済学のなかで技術進歩を扱おうとするとまず出てくる問題は，それが生産性を向上させて製品1個あたりの費用を下げていくことである．どうして費用が下がっていくことが問題かと言えば，生産性の向上が生産量の増大によって起きるのならばいくらでも生産量を増やしていった方が得であり，企業としては適切な生産量を決定できなくなってしまうからだ．生産量を増やしていくと製品1個あたりの費用が上がっていくことを経済学では収穫逓減と呼び，下がっていくことを収穫逓増と呼ぶ．製品1個あたりの費用が下がっていくことは費用の方を一定にすれば，製品の生産量，すなわち「収穫」が増えるのと同義だからである．製品1個あたりの費用に変化がなければ収穫一定である．

通常，企業の生産は生産量の増加とともに，最初は収穫逓増，やがて収穫一定を経て収穫逓減の状態に入ると考えられている．そして，企業は収穫逓減の状態で生産量を決定するはずだというのが経済学の理屈である．なぜなら，市場での製品価格が一定ならば収穫逓増である限りは作れば作るほど利益が増えていく．だとしたら，製品1個あたりの費用がいちばん安くなる収穫一定の状態で利益が最も多くなるように見える．だが，本当はもうちょっと作って収穫逓減の領域に入り込んだ方がいい．と言うのは，製品1個あたりの費用にはその生産に直接かかる原材料費や人件費以外に，生産を支える工場や機械の減価償却費や支払利子が含まれているからである．この部分は生産量が増える製品1個に上乗せする部分がもっと小さくなるから，収穫逓減まで生産量を増やしたほうが売上から直接間接の費用を差し引いた利潤がもっと大きくなるのである．

では，実際に収穫逓増の状態で生産をしている企業があったらどう説明するのか．その場合は，その企業の生産規模が市場の大きさに比べて大きく，

生産量を増やすと価格が下がっていくことから理由付ける。確かに生産量を増やせばどんどん1個あたりの費用が安くなるのだが，それをすると製品1個あたりの値段も下がるのであまり生産量を増やし過ぎない方がかえって利潤が大きいのである。

だが，普通はこのように，与えられた技術的条件の下での生産量の決定のメカニズムと考える収穫逓増を，ヤングは技術進歩と結びつけた。生産量が増えていくと製品1個あたりの費用が下がっていくのは，すでに見たように，企業の生産にかかる費用のなかに減価償却費や支払利子といった固定費用が含まれているからと考えられる。しかし，ヤングによれば，収穫逓増が起きるのは製品が多く作られるようになればなるほど，ものを作るときの技術が自然に進歩していくからなのである3)。かくして，企業の生産はどこまでいっても収穫逓増で，製品1個あたりの費用が増えていく収穫逓減の領域を持たないことになる。これでは企業が生産量を決定するメカニズムが働かない。ヤングは少しばかり時代に先駆けすぎた問題を提起したのである。あるいは，彼が早死にしたのが惜しまれると言うべきかもしれない。

3 外生的技術進歩

それでは，ヤングの提起した問題に経済学はこれまでどのように答えてきたのだろうか。それは技術進歩が，まるで神様が与えてくれる恵みのように経済の外から与えられるとすることによってであった。これを外生的技術進歩と呼ぶ。こうすれば生産量など企業が決定すべき内容と技術進歩，したがって収穫逓増とが関わりを持たなくなるから前節で見たような問題自体が消滅してしまう。話を具体的にするために，次のような数値例を考えよう。今ある国のある年の経済成長率が8％であったとしよう。同じ年に資本の増加率が12％，労働の増加率が2％であった。この年の利潤と賃金の分配割合

---

3) 経済学の父であるアダム・スミスの言葉に「市場の広さが分業の度合を規定する」というものがある。ヤングはこの言葉に触発を受けた。市場の広さは販売量すなわち生産量，分業の度合とは現在の言葉に直せば技術進歩の度合である。

が4：6であったとすれば技術進歩率はどれほどかという問題である。利潤と賃金の分配割合は資本と労働が生産にどれだけ貢献したかという技術的な実績で決まってくる。だから，この分配割合はそれぞれの生産要素の貢献度を表わしていると見ることができる。そして，既に第4章で見たのと同じコブ＝ダグラス型と呼ばれる生産関係を想定すると，次のような分かりやすい関係が成り立つことが知られている。

(経済成長率) = (技術進歩率) + (資本増加率) × 0.4 + (労働増加率) × 0.6

式の0.4と0.6は利潤と賃金の分配割合が4：6であることを表わしている。この式に数値を当てはめてみると以下の計算から技術進歩率が2％であると求められる。

$$0.08 = \Box + 0.12 \times 0.4 + 0.02 \times 0.6$$
$$= \Box + 0.048 + 0.012$$
$$= \Box + 0.06$$
$$\Box = 0.02$$

このように実際の経済計算でも，技術進歩は与えられたデータに還元できない経済成長率の説明要因として事後的に求められることになる。このため，こうして求められた技術進歩の要因，生産性向上要因を，資本にも労働にも還元できないという意味で全要素生産性（TFP）とか，ノーベル賞経済学者の名に因んでソロー残差とか呼んでいる。因みにTFPの上昇率が同じで資本と労働の生産への貢献度だけが2：8に変わったとすると，下の計算から，この国の経済成長率は6％に低下する。

$$0.02 + 0.12 \times 0.2 + 0.02 \times 0.8$$
$$= 0.02 + 0.024 + 0.016$$
$$= 0.06$$

4 技術進歩の中立性

昔は今に比べて、いわゆる階級の問題が強く意識されていた。世の中が持てる者と持たざる者とに分かれていたからである。

そこで、ある時期に大きな問題になったのは、技術進歩が起こった場合、その果実はどちらの階級のものとなるのかということである。もし技術進歩が資本家たちのためになるのであれば、労働者は新技術の導入に反対するであろう。逆にそれが全て労働者の利益に帰着するならば、資本家が新技術の導入を積極的に行なう理由がないことになる。そこで当初、経済学者が熱心に考えたのは技術進歩が階級間の利害関係に影響を与えないためにはどうすればいいかということであった。何もうまくいっているときに水を差す必要はない。技術進歩の持つこの性質のことを中立性といい、ある条件のもとで階級間の利害関係に影響を与えない技術進歩を、所得分配に中立的な技術進歩と呼ぶのである。

図12は前節で見たコブ＝ダグラス型の生産関係を図にしたものである。縦軸には生産に使われる資本の量、横軸には同じく生産に使われる労働の量を測っている。この平面の上に原点に向かって出っ張った曲線が何本か引かれている。これは等産出量曲線と呼ばれる曲線で、1本の曲線がある生産量を表わしている。つまり、この曲線はその名のとおりある生産量を達成するときの資本と労働の可能な組合せを結んだ曲線なのである。たとえば、洋服を100万着作るときでもミシンなどの機械を多用することもできるし、手縫い重視で労働をたくさん使うこともできる。片方を増やせば他方を減らせることから、等産出量曲線はどれも右下がりになる。では、それが原点に向かって出っ張っているのはなぜだろう。これはこう考えれば納得いく。たとえば、図12の左上の方、労働をあまり使わず機械などの資本をたくさん使っている状況を考えよう。いわゆる合理化によって機械を導入して労働を節約しようとしたとしても、もう機械化はかなり進めてしまったあとだからさらに機械化を進展させようとしてもその余地は少ない。だから、お金をかけて

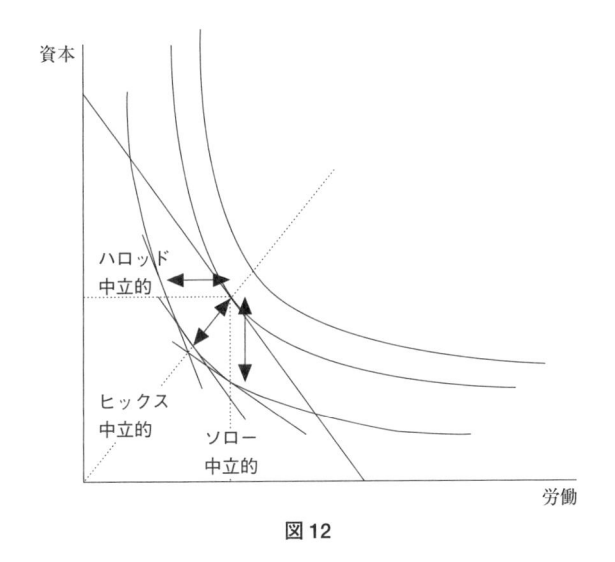

第 12 章　日の下に新しきものなし　　149

図 12

機械化を進めた割には労働は節約できず，図のさらに左に行こうとすると傾きは急にならざるを得ない。逆に図の右下の方ではどうだろう。人手をたくさん使って機械の能力を補おうとしても，最後にはどうしても機械でないと，という部分が残るだろう。これでも無理して機械を節約しようとするとその分，余計に労働を使わなければならないので，曲線の右側では傾きが緩やかになる。

　それでは，等産出量曲線上で技術進歩とはどのようなことを意味するのだろうか。ここで，あたかも静かな山間の池に小石を投じたときのように，等産出量曲線が原点に向かって次々と動いてくる様子をイメージしてもらいたい。**図 12** が動き出して見え始めたであろうか。これが外生的技術進歩と考えられる。この波紋がどのような動き，広がり方をするかの視点で中立的技術進歩は 3 種類に分かれる。

　図 12 で，経済の状態は最初，右下がりの長い直線と真中の等産出量曲線が接する位置にあるとしよう。この点に向かって原点から直線が引かれているが，この直線の傾きは経済で現在使われている労働の量に対して資本の量がどうなっているかの比になっていることを確認してもらいたい。これをそ

のまま資本労働比率と呼ぶ。因みに右下がりの接線の傾きは資本のレンタル料に対して賃金がいくらであるかを表わしている[4]。この点はこの後の説明で重要な意味を持つのでよく理解してほしい。先ほどの説明であったように，等産出量曲線上のある1点での傾きは，労働を1時間増やすと機械を何万円分減らすことになるかを表わしていた。この値はその点での資本の働きに対する労働の働きの逆数になっていることを確認できるだろうか。この傾きが大きいことは労働の働きに比べて機械の働きが小さいことを意味するし，逆の場合は逆のことを意味する。経済では生産への貢献度に応じて報酬が支払われることが自然だから，傾きが大きい場合，その点では賃金が資本のレンタル料に比べて高いのである。逆の場合でも確認してもらいたい。

　ここで重要なのは，今問題にしようとしている階級間の所得分配に中立的ということは，総賃金すなわち賃金と労働量の積と，総利潤すなわち資本のレンタル料と資本量の積の比率が変化しないという意味だということである。先ほどの関係から分かるように，所得分配に中立的であるためには，技術進歩の前後で右上がりの傾きが3倍になったら右下がりの直線の傾きも3倍にならなくてはならず，前者が半分になったら後者も半分にならなくてはならないということだ。前者が変化しないなら後者も変化してはならない。

　しかし，技術進歩はもちろん時間のなかで起きる。技術進歩が起きた1年の間に資本も増えるであろうし，労働も増えるであろう。生産量も一定ということはなくおそらく増える。しかも，現実にはそれらの増え方はまちまちであろう。そのような状況でどのように中立性を証明すればよいのか。中立的技術進歩の考え方に3種類あるのはこのためであり，**図12**のどの点とどの点とを比較するかで基準が三つに分かれるのである。

---

[4] 経済学では賃金を払って家計から労働を購入するように，レンタル料を払って資本を借り入れると考えることが多い。だが，実際の企業では自前の工場や機械を持っている。これをどう解釈するかと言えば，配当というレンタル料を払って株主から資本を借り入れていると考えるのである。したがって，内部留保がなければ資本のレンタル料とは資本に対する利潤率のことであるし，株式への配当とその他金融資産の利子とに違いがなければ，それは経済全体の利子率であると考えてよい。

まずは，生産量を技術進歩の前と同じとして比較のベースを整えよう。**図12**でいちばん左の等産出量曲線の位置まで以前の等産出量曲線が移ってきたとする。以前の経済の状況と技術進歩後の経済の状況を資本労働比率が同じであるとして中立性を測るのが，ヒックス中立的技術進歩である。これは以前の経済の状態と原点を結ぶ右上がりの直線状で技術進歩の効果を比較していることに他ならない。定義から資本労働比率が同じなわけであるから，比較する2点の間で接線の傾きは同一でなければならない。

また別の考えもありうる。資本量と生産量の比である資本産出量比率が一定であるとして技術進歩を測るのである。この考え方がハロッド中立的技術進歩である。図で言えば，元の経済の点と技術進歩後の生産量が同じ点とを真横に比較するのである。**図12**では資本の量は定義から一定である一方，労働の量は3分の2程度になっているから，新しい点での接線の傾きは前の2分の3倍へと急になっていなくてはならない。図ではどうもそうなっているようである。ハロッド中立的技術進歩では同じ量を生産するだけなら労働を減らしてもいいわけで，別名を労働節約的技術進歩と呼ぶ。労働が節約できたのは労働の生産におけるパワーが増したことを意味するので，反対に労働増大的技術進歩と呼ぶこともできる。

これと対照を成すのが，図で元の点と技術進歩後の真下の点とを比較する考え方であり，ソロー中立的技術進歩と呼ばれる。あらためて言うなら労働量と生産量との比である労働産出量比率が一定であるとして中立性を測っていることになる。図では技術進歩後の点と原点を結ぶ傾きが2分の1程度になっているようだが，これに合わせてその点での等産出量曲線の傾きがやはり2分の1くらいになっていることが確認できる。ソロー中立型技術進歩では，ハロッド中立型技術進歩と対照的に資本を半分にできたわけで，このことから資本節約的技術進歩という別名を持つ。さらに資本増大的技術進歩と呼ばれることも理解できよう。

私たちは**図12**をコブ=ダグラス型の生産関係を表わすものとして描いた。[5]

---

5) 経済学では，数式で表わされる経済関係を，数量同士の関係という意味で関数と呼

ここで確認したように実はコブ=ダグラス型の生産関係であれば，中立的技術進歩の三つの基準が全て満たされるのである。コブ=ダグラス型の関係が経済学で多用される理由は，それが十分に現実を模写できるということの他に，こうした所得分配上の配慮もあるのだろう。

5　内生的技術進歩へ

　外生的技術進歩の議論についてはこれまで見てきたような大きな蓄積を持つ経済学だが，ヤングの議論に繋がる内生的技術進歩について論じ始めたのは極めて新しいことである。それが研究の中心になってきたのはここ20年以内のことと言ってよい。この議論が遅れた最大の理由は，既に見たように収穫逓増を扱うことの学問的な難しさにある。逆に，ここ20年以内に内生的技術進歩が注目を浴び始めたのには，現実の経済のなかにいくつかの理由を指摘できよう。

　まず第一に，先進国を中心にこれまでは外部からの導入の問題であった技術進歩が，自前で独自の技術を開発することへと切り替わったことである。どの先進国も技術進歩なしには利益をあげることができなくなってきたし，それなしには経済成長もおぼつかなくなってきた。したがって，経済のなかのどういった要因が技術進歩を促進するのかに大きな関心が集まったのである。

　第二に，かつて後進国は先進国に追いつき追いこせでキャッチアップできると信じられていたが，そうでもないことに気づき始めたことである。多くの後進国では先進国に比較して成長スピードでも目覚しい成果をあげることができていない。これは技術進歩が先進国に比べて遅いからである。このままでは先進国の所得水準や生活水準に追いつくことはかなわない。後進国が内生的な技術進歩を達成するにはどうすればよいのか。これが問題となって

ぶ。したがって，ここでの言い方を経済学らしく読みかえればコブ=ダグラス型生産関数である。

きた。

　第三に，後進国のなかでも東アジアの国々は目覚しい経済成長を遂げてきた。これらの国々に共通する特徴は勤勉な国民性や教育水準の高さである。技術進歩を支える基盤としての教育や知識水準に関心が集まり，技術を社会的・経済的基盤ごと捉える見方が広まってきたのである。

　こうした背景の下，内生的技術進歩を研究する経済学者側にも一つの学問的な工夫が見られた。それは技術進歩を外生的に生産関数の性能を上げる要因と考えるのではなく，技術それ自体を価値を持つ資産，すなわち資本と考えることである。もともと，生産関数は生産量が増えていけば生産性能が落ちていくものと考えられている。経済学では伝統的に，生産関数に梃入れして生産性能の低下に外から歯止めをかけるのが技術進歩であるという捉え方をしていた。これに対して技術が資本であるならば，それが蓄積されていく限り生産性能の低下はあり得ない。生産量が増えれば他の物的な資本と同じく知的な資本の蓄積も進んでいくから，技術進歩が更なる技術進歩を生み出すという構図を描くことができる。論者によって呼び方に違いはあるが，技術を中心とする知的資本のことを技術資本と呼ぶことができよう。

　また，こう考えれば技術を何か物理的な作用の集まりと見なす必要もなくなる。それは従業員の教育水準や作業効率，熟練の度合なども含むと考えてよい。技術資本が言われる以前から，経済学では働く人々の能力が持つ経済価値を人的資本と呼び慣わしてきた。これは，従業員個人のなかに，あるいは従業員グループのなかに蓄積されたかけがえのない価値である。残念ながら，企業の会計制度では無形資産として特許権や使用権，のれんは計上しているが企業固有の人的資本や知識資本の蓄積は計上していない。ここでは経済学の方が現実の経済を追い越しているのかもしれない。

第13章 ■マンデルと国際金融論
Mundell, Robert A., 1932 –

急いてはことを仕損じる

"The Monetary Dynamics of International Adjustment under Fixed and Flexible Exchange Rates"
(「固定相場および変動相場の下での国際調整に関する貨幣動学」1960年)

1 国際的な顔ぶれ

　ロバート・マンデルは孫を愛するよいおじいちゃんである。彼のホームページは愛する孫の写真でいっぱいだ。彼がノーベル経済学賞を受賞したのは1999年，21世紀を目前にしてのことであった。経済の国際化がますます進むと予想される新世紀を前にして，マンデルの受賞が決まったことは実に時宜にかなったことだった。マンデルが意欲的に切り開いてきた分野こそ，ケインズに始まるマクロ経済学の枠組みを，国際経済を扱えるように拡大するものだったからである。こうしてマンデルたちの努力で開拓された分野のことをオープン・マクロ・エコノミクス，すなわち，開放マクロ経済学と呼ぶ。
　マンデルは1932年にカナダに生まれた。そして，マサチューセッツ工科大学とロンドン・スクール・オブ・エコノミクスの両方で経済学を修めた後，母校のMITから博士号を授与される。アメリカのいくつかの大学で教鞭を執った彼は，現在までニューヨークにあるコロンビア大学の教授を務めている。国際経済を専門とする彼は多くの国際機関や各国政府でアドバイザーを務め，積極的な政策提言をしてきた。この提言はマンデルのきちんとした経済学の理論に裏打ちされたものである。
　現在，既に共通通貨に移行したヨーロッパのユーロについて，最も早い段

階で提言を行なったのもマンデルであった。ユーロ圏は，マンデルによる最適通貨圏（オプティマム・カレンシー・エリア）の考え方を具現化したものに他ならないとも言える。最適通貨圏の発想は，歴史的に定まった国境と経済の実体から考えたときの国民経済の範囲とが一致しないときがあるという見方から来ている。国土は広いものの人口は極端に少なく，しかも，アメリカとの国境沿いに集中しているカナダは，経済的にはアメリカと一体である。しかし，現在に至るまでカナダでは米ドルとは異なる通貨，カナダ・ドルが使われている。両通貨の間で為替レートが大きく変化するようなことになれば，貿易や投資に混乱が生じる。国境の内側でならば生じないはずの為替リスクが経済活動の障害になるのである。マンデルはこのような実態を踏まえて，通貨には経済実体に照らして最適な流通の広がりがあるはずであり，たとえ国は違っても国民経済として一体性が強いならば同一の通貨を共有した方がいいと考えたのであった。[1]

　日々の取引で使われる為替レートがどちらの方向にどれだけ変化するか分からなければ，品物を生産して輸出する人々は安心して仕事ができない。代金を受け取ったときに自国の通貨が高くなれば受取金額は目減りするからである。海外にお金を投資している人々もそうだ。配当や利子を受け取るときに相手国の通貨が安くなれば収益率は落ちてしまうし，投資資金を回収するまでの期間，自国の通貨価値が上昇を続ければ，為替差損と呼ばれる投資元本の目減りが起こる。お互いに経済の結びつきが深い地域や国々の間では為替レートを安定させるに越したことはないのである。

---

1) 1971年にアメリカのニクソン大統領はドルと金の交換停止を発表し，「ニクソン・ショック」と呼ばれる衝撃を世界に与えた。これによって，従来の国際通貨制度は崩壊することになるが，逆に言えばそれまでのブレトン-ウッズ体制では世界全体が一つの通貨圏になっていたということでもある。ドルは金と一定の交換比率で結びつき，各国政府は万が一の事態にはアメリカの連邦準備制度からドルと交換で金を引き出せる。この信頼を担保にドルは世界の基軸通貨となり，各国の通貨はこのドルと一定の為替レートで結びついていた。さらにアフリカやアジアの新興国は旧宗主国の通貨と一定の為替レートを取り決めており，結局ドルの発行量が世界の通貨の動向を決めていたのである。

だが，自国の独自通貨を廃止したり，固定レートで他国と結びつけたりしてしまうと，その国の政府には失うものもある。まず，政府が行なう経済政策のうち，財政規模の増減を通じたフィスカル・ポリシーはいいが，金融政策，貨幣政策は勝手に出来なくなってしまう。実際，現在のEU各国も，金融政策についてはヨーロッパ中央銀行が国境の枠を越えて管轄している。かつて，世界が固定相場制をとっていた時代も，景気の変動を通じて，その国の通貨量が政策意図とは逆方向に自動的に変更されるので，アメリカを除く各国政府の金融政策での裁量範囲は限られていたのである。[2]

さらに，独自通貨を発行できる国には，その通貨の発行に際してシーニョリッジ（通貨発行益）と呼ばれる利益が手に入る。通貨が金であった昔は，金貨に刻印を押したり鋳造することで地金より価値が上がったが，この手数料分から鋳造費用を引いたものがシーニョリッジだった。やがて，金貨の代わりに紙幣や中央銀行券が流通するようになると，紙幣と地金との兌換のための準備以上に紙幣を発行できる，その金額がシーニョリッジになる。紙幣は原版と印刷機があれば，紙代以外にほとんど費用をかけずに発行できるからだ。さらに兌換制度，したがって金本位制が廃止されると，古い紙幣との入れ替えは除いて今年新規に増加した紙幣の金額分は全てシーニョリッジとなるのである。お金を印刷機からどんどん作り出して使えるのだから，これほどうまい話はないという訳である。[3]各国が通貨量を決める権限をある一国

---

[2] イギリスの大経済学者ケインズは，亡くなる直前の仕事として，アメリカとの間で戦後の国際通貨制度作りについて話し合う国際会議に参加していた。イギリスはアメリカのヤング案の対案としてケインズ案を押し立て，人工通貨バンコールを中心とした通貨制度の創出を主張した。だが，結局はアメリカの主張通り，ドルが中心となったのである。ドルに特権を与えることはアメリカだけが最終的な金融政策の裁量権を持つことを意味する。

このブレトン－ウッズ体制の設立とともに国際通貨基金（IMF）が作られ，国際収支の不均衡に苦しむ国の救援にあたることになったが，本部は現在に至るまでワシントンD.C.に置かれている。このIMFのなかに後に作られた特別引出権（SDR）はケインズの人工通貨をごく部分的に実現したものと言える。

[3] 日本銀行も毎年純益をあげて財務省に上納しているが，これらの源泉の一部はシーニョリッジにあると考えられる。

や国際機関に委ねる場合，こうして生じるシーニョリッジを各国間でどのように分配するかの問題が新たに発生する。為替リスクとこの問題とを秤にかけつつ，現実の最適通貨圏作りが進んでいくのだと思われる。

　マクロ経済学という一国全体の経済を扱う分野を，国際的な関係も含めて考察するオープン・マクロの理論を，マンデルのように海外からやってきた経済学者が開拓するというのもよく分かる話である。アメリカのドルは戦後長らく世界の基軸通貨であったし，ブレトン‐ウッズ体制が崩れた今も事実上，基軸通貨としての地位を失っていない。このため，一般のアメリカ国民は私たち日本人のようには為替レートに関心を払うことをしないのである。たとえば，貿易で日本からアメリカに輸出をする場合，契約を円で行なうかドルで行なうかという問題がある。それぞれを円建て，ドル建てというが，基軸通貨であるドルの権威を反映してドル建てが圧倒的に多い。これはアメリカが世界の他地域と結ぶ関係についても同じことである。そうすると，契約の時点でアメリカ側は支払う金額が確定するが，日本側は実際の支払までに為替レートが上がるか下がるかで受取金額が大きく変化してしまう。為替リスクの発生は非対称なのである。

　第3節で取り上げる，為替レートのオーバーシューティングの理論を提唱したドーンブッシュは，1942年にドイツのクレフェルトに生まれた。その後，アメリカに渡り，現在はMITの教授を務める。彼の生国ドイツも，かつてはマルクとドルとの為替レートがどう変化するかで経済動向が多大な影響を受けた。しかも日本と同じく工業国であるから，じっくりと腰を据えた地道な仕事が要求される。それにもかかわらず，為替レートが激しく変動したのではかなわないのである。ここでも経済学者の育った環境が理論形成に

---

4) ケインズは通貨制度に関して，野蛮な制度と彼が考えた金本位制を廃止し，各国の政府が独自の金融政策ができる管理通貨制度を推奨していた。これを国際的な通貨制度に適用すれば，責任ある国際機関が金の保有量と関係なく最適な通貨量を決めるか，為替レートの自由な変動を認めた上で，各国が独自に自国通貨の量を管理するかのいずれかにならざるを得ない。1946年に亡くなったケインズが，戦後の通貨制度の変遷を見ていずれが望ましいと判断するかは今となっては分からないのである。

影響を与えているように思われる。

2 マンデル＝フレミング・モデル

為替レートが一国の経済全体にどのような影響を与え，またそこからどういう影響を受けて決定されるかについて，現在に至るまで考え方の基本的な枠組みとなっているのは，マンデル＝フレミング・モデルと呼ばれるものである。この考え方は，その名のとおり，マンデルとその共同研究者の一人，フレミングとが1960年代の初めに提唱した。当時のアメリカでマクロ経済学の考え方の主流だったのは，ケインズによって開発された理論的道具立てであった。マンデル＝フレミング・モデルもIS‐LM分析と呼ばれるケインジアンの基本的な方法を元にして，それを国際的な関係にまで拡張している。いわば，このモデルとともにオープン・マクロの理論は誕生したと言ってよい。マンデルは1999年，これらの業績によってノーベル経済学賞を受賞した。

IS‐LM分析については，他のケインジアンの道具立てとの関係を次章でもう一度確認するが，ここでその構造を押さえておこう。**図13**を見ていただきたい。右下がりのIS曲線と右上がりのLM曲線が描いてある。直線でも一種の曲線というのが経済学の言い方である。考えてみれば，経済には二つの側面がある。お金の側面と品物の側面である。2本の曲線はある国の経済の，それぞれの側面がきちんとバランスしていることを表わしている。お金の側面のバランスを表わすのが，右上がりのLM曲線，ものの側面のバランスを表わすのが右下がりのIS曲線である。IS‐LM分析はこの二つの曲線の交点で，その年その国の経済状態を説明してみせる。この分析では横軸で測られる国民所得と縦軸で測られる利子率とが経済状況を表わすファクターである。これ以外の経済的な数値は分析の背後で変化するから，背後の動向もよく読み取らないと本当の含みは理解できない。

IS曲線が右下がりなのは，国民所得が増えると人々の貯蓄が増えるので，この貯蓄を吸収するのに十分な貯蓄がないと品物が全て売れないことになっ

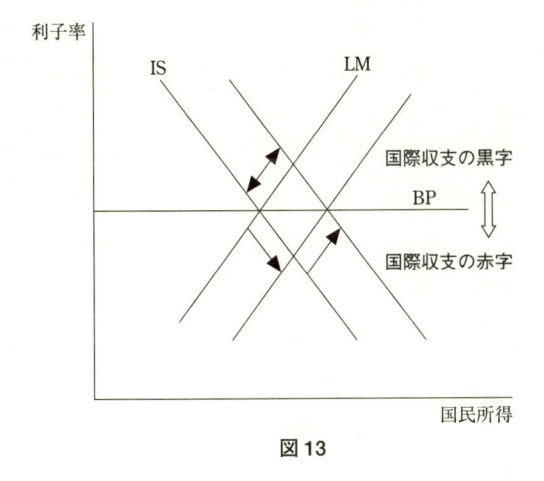

第13章　急いてはことを仕損じる　　159

```
 利子率
         IS        LM
                          国際収支の黒字
                      BP
                          国際収支の赤字


                              国民所得
         図 13
```

てしまうからである。品物が全て売れないとそもそも所得は生み出されない。貯蓄に対応して投資が増えるためには，投資で工場や機械などの生産設備を増やしたことで年々かかってくる費用である利子が安くならなければならない。こうして，国民所得の増加があれば利子率が低下してはじめて品物の需給バランスが回復する。この関係は，貯蓄という資金の供給が増えるから，投資という資金の供給とバランスする価格である利子率が下がると理解してもいいだろう。[5] つまりは，IS曲線は貯蓄イコール投資を成り立たせるような国民所得と利子率の組合せを結んだものであり，IとSはそれぞれ英語で投資と貯蓄を表わす語の頭文字である。

　お金の面でのバランスを示すLM曲線が右上がりなのは，今年のお金の量が一定なので，国民所得が増えてお金の必要量が増せば，利子率が上がってお金に対する人々の欲望を抑えなければバランスが持続できないからである。国民所得の大きさがお金に対する需要を表わし，その需要が増せば，お金の供給を一定として，お金を持つことの価格である利子率が上昇するの

---

[5] 第6章で見たように，このケインズの理解が成り立つためには，貯蓄が利子率に反応せず国民所得だけで決まるという仮定が重要である。

だと考えてもよい。LM曲線はお金の需給をバランスさせる国民所得と利子率の組合せを結んだ曲線なのである。第6章で見たように，ケインズはお金に対する人々の欲望を流動性選好と呼んだ。Lは，このケインズの造語を表わす英語の頭文字である。Mも同章で見た言葉，マネーサプライの頭文字であることもお分かりだろう[6]。ケインズの考え方のエッセンスを代表するとも言えるLM曲線は，流動性プレミアムが無視できない場合には存在すると考えられる。

ここまでは，マンデル以前からの従来のマクロ経済学だ。マンデルはIS‐LM分析にもう1本の曲線を加える。それが**図13**のBP曲線である。BPが国際収支（balance of payment）の頭文字であることからも分かるように，この曲線は国際収支がバランスするような国民所得と利子率の組合せを表わしている。国際収支は二つの部分からなる。一つは貿易の収支を中心とする経常収支[7]（current account）であり，もう一つはお金の国際的な貸し借りを表わす資本収支（capital account）である。お金の貸し借りと言っても何十年にも渡るものもあれば1年以内に返済されるものもある。また，金融機関や企業への貸付だけでなく，直接投資といって日本の企業が現地に工場や事業所を建てて経営活動を行なうことも含まれる。直接投資についても，現地で活動している間は必要な資本をその国に貸し付けていると見なすことがで

---

6) 貸付資金説が示すように貨幣そのものの必要量に利子率が影響しないならば，LM曲線は垂直な直線になる。利子率にお金への需要は関係ないため，どんな利子率も許容されるからだ。しかも，貸付資金説では，国民所得が決まってはじめてお金の必要量が決まるが，マネーサプライがどのように与えられても，それがお金へのニーズを満たすように物価が勝手に動いてくれる。つまり，貸付資金説の世界ではIS曲線は独立した関係としては存在しない。だから，貸付資金説の世界で国民所得を決めるには全く別な要因が必要であり，それが完全雇用という条件なのである。

7) 経常収支には財やサービスの貿易収支の他に所得収支や移転収支が含まれる。所得収支とはこれまでに外国に投資した資金が生み出す利益，つまり利子や配当と外国に支払うそれらとの差額である。外国に資産を多く持つ債権国は所得収支が大きなプラスとなる。先進国は成熟すると経常収支の黒字の多くを貿易収支ではなく所得収支に依存するようになる。

移転収支は外国への無償援助や外国の家族への送金である。いずれにしても経常収支は今年でやり取りにケリのつく，将来，返済する必要のないお金の収支である。

きるからである。

　経常収支がプラスのことを黒字，マイナスのことを赤字と言うが，もし，これが赤字であれば，今年の製品を生み出したはずの国民所得が国外に漏れてしまい，不足していることを意味する。そもそも国内にそれだけの所得がないのに製品が売れたはずはないので，この赤字を補う所得の補填がなされたはずである。ちょうど経常収支の赤字分だけ，新たなお金の借入が外国から行なわれ，その借入が国内製品の購入をファイナンスしたはずなのである。逆に経常収支が黒字の国では，その分だけ人々が所得を受けとってもなおかつ余していることを意味する。そもそも，その所得を国内で使えば，もっと大きな国民所得を生み出したはずだから，実際にはこの分が国外に貸し出されているのである。こうして，1年を通じてみれば，経常収支の赤字は同額の資本収支の黒字で賄われるはずだし，経常収支の黒字は同額の資本収支の赤字として貸し出されるはずなのである。つまり，国際収支のバランスとは，プラス，マイナスの記号を省いたときの，経常収支イコール資本収支のバランスのことに他ならない。

　曲線と言っても BP 曲線は水平な直線で示されている。これは国民所得に関係なく，国内の利子率がある一定の高さにないとバランスしないということである。この一定の利子率は国際的に成り立っている利子率である。だから，アメリカの利子率と日本の利子率は，一時的に違っても1年を通して見れば同じでなければならない。なぜこれが水平かと言えば，国内の利子率が国際利子率と食い違っていれば，国際収支全体が一時的に赤字か黒字になってしまうからだ。国内の利子率が国際利子率よりも高ければ，諸外国の人がこの国にお金を貸そうとするので，資本収支が前に比べて黒字の方向に行く。逆であれば国内の人々が外国にお金を貸そうとするので，資本収支が前に比べて赤字の方向に行く。だから，利子率に影響を受けない経常収支を一定として，**図13**に書き込んだように BP 曲線より上では国際収支が黒字，下では赤字になってしまうのである。[8]

---

8)　投資家たちが外国への投資には為替リスクがあると考え，リスク・プレミアムを要

IS 曲線は，家計の消費意欲や企業の投資意欲が増した場合に右へと移動する。より大きな国民所得に同じ利子率で対応できるからだ。また，輸出が増えた場合，輸入が減った場合，それらが同時に起こった場合など，とにかく純輸出，つまり輸出マイナス輸入が増えた場合には右に動く。その分，外国から自国製品への需要が増えるからだ。IS 曲線が右に動けば，図 13 に見るように，利子率が上昇しながら国民所得が増加する。逆に不景気ならば，曲線が左に動いて国民所得が減少，利子率も下がる。政府がこのような不景気からの回復を図ろうと思えば，政府の規模を大きくして消費を増やしたり，公共事業を行なって投資を増やしたりすればよい。財政支出の増加は国内への財やサービスの需要を増やすので IS 曲線を右に動かす効果をもたらす。だが，このとき，図から明らかなように，国内のバランスが BP 曲線より上に来るので国際収支が一時的に黒字になる。このことは他国通貨の売りと自国通貨の買いが増えることを意味するから，為替レートが自国通貨高の方向に動く。たとえば，円高になれば輸入が増えて輸出が減るから，この国では純輸出が減って IS 曲線が左に動くのである。この為替レートの増価は BP 曲線上に交点が戻るまで続く。こうして，財政政策は景気を結局回復せず，円高だけを残すことになる。

LM 曲線は，マネーサプライが増えたときや国民の流動性選好が弱まったときに右へ移動する。だから，国民の貨幣へ欲望が一定なら，中央銀行は金融を緩和して，マネーサプライを増やすことで利子率を下げながら国民所得を増やすことができる。そして，このとき，国内のバランスは BP 曲線の下

求するとき，BP 曲線は右上がりになる。それはこういう理由からである。国民所得が増えると輸入が増えるので，輸出を一定とすれば経常収支が赤字の方向へ変化してしまう。これを補うためにはリスク・プレミアムを上乗せして外国から資金を呼びこまなければならない。したがって，国民所得が増えたとき国内利子率が上昇してはじめてバランスが回復するのだ。この傾きは国際的な資金取引が小規模であればあるほどきつくなる。逆に，今日のように大量の取引が日々行なわれていれば水平に近い。なぜなら，取引が活発であれば危ないときにすぐ逃げ出せるので，要求するリスク・プレミアムが少なくて済むからである。

なお，為替レートの上昇や下落は輸入の増減をもたらすので，右上がりの BP 曲線は，国際収支が黒字のときは左に，赤字のときには右に動く。

に来るので,国際収支の赤字が自国通貨安をもたらす。たとえば,円安が輸出を増やして輸入を抑えるように,この国では純輸出が増えるのでIS曲線が右に移動する。為替レートの減価は利子率が国際利子率と等しくなるまで続くから,国民所得は大きく増加し,円安も相当進行するのである[9]。

だが,LM曲線は物価が上がると,実質的なマネーサプライの減少を反映して左に移動する。完全雇用の状態からさらに金融緩和をすると,賃金の上昇がインフレを引き起こす。金融緩和をした段階で為替レートは減価しているが,物価上昇がそれを相殺すれば交易条件が悪化することもない。だから,完全雇用水準を超える金融緩和をしても円安がもたらされるだけの結果になるのであり,結局は物価上昇が通貨安をもたらしたという結論になるのである[10]。

3 オーバーシューティングの理論

マンデルたちがオープン・マクロの理論を作り出した1960年代は,まだ世界の通貨制度は固定相場制の時代であった。固定相場を支えていたドルに対する信任が揺らいでくると,経済学者たちは変動相場制への移行を主張するようになる。マンデルたちの理論が示すように,変動相場の下でもマクロ経済学的なメカニズムが働き,国内経済,国際経済の均衡が達成されていく

---

[9] マンデルはポリシー・ミックスという考え方の提唱者でもある。政策目標が二つ以上あるとき,それに相応しい政策手段も目標と同じ数だけなければならない。たとえば,IS曲線とLM曲線がBP曲線より上で交わっているような不均衡が長く続いているとする。かつ今,完全雇用水準であるとすると,財政政策を国際的な均衡の回復に割り当てれば,金融政策は国内の均衡のために緩和する必要がある。逆に金融を緩和して国際均衡を達成しようとすれば,財政は緊縮的なものにしなければならない。日本のバブル景気は後者のポリシー・ミックスを誤ったために生じた現象である。

[10] 完全雇用が達成されるような長い時間で見ると,両国で同じ品物の値段が同じになるように為替レートが決められるという考え方は購買力平価と呼ばれる。この考え方については第3章で若干触れた。アメリカの経済学者フリードマンのマネタリー・アプローチは,為替レートの動向が両国のインフレ率の差だけで決まるというものであるが,購買力平価を極端に強く考慮する見方である。

と考えられたからである。スミソニアン体制と呼ばれる修正固定相場制の時代が短い期間で終わると，国際通貨制度は完全な変動相場へと移行した。だが，事態は経済学者が予想したようにはならなかったのである。

為替レートは通貨の交換比率だから，通貨同士を交換する為替市場の需給で決定されると見ることができる。ただし，ここでは需要と供給は裏表の関係にあり，たとえば円の供給は同額のドルへの需要になっており，ドルの供給は同額の円への需要になっている。ここでも市場の働きがスムーズならば，通貨の価格である為替レートは経済の安定した実体を反映して安定した水準で推移するはずである。逆に，波風でもあれば，すぐにも為替レートの速やかな変動でかき消されるだろうというわけである。当初は皆こう考えた。ところが蓋を開けてみると，為替レートは激しく変動することが分かった。固定相場制の時代には，変動相場制への移行により，各国政府は国際収支の不均衡への懸念に妨げられることなく国内の経済の安定化に専念できると考えられていたのに，為替レートの変動を安定化するという難しい課題がもう一つのしかかったのである。それでも，1980年代までは各国の政策協調の効果が出て，為替レートを政策的に誘導することがある程度可能であった。G7が公式のものとなって，プラザ合意による円高誘導が行なわれたのは80年代半ばのことである。しかし，90年代以降，事態は中央銀行の市場介入によって制御できるものではなくなった。国際的な資金取引があまりに巨大な規模になり，各国中央銀行が協調介入をしても市場の意向には逆らえなくなったのである。

このような傾向がはっきりし始めた1970年代半ば以降，マンデル＝フレミング・モデルの枠組みを補うように，為替レートの大きな変動を説明する理論が登場してくる。この見方は為替レートのオーバーシューティングと呼ばれるものである。行き過ぎた調整が行なわれることからオーバーの語が冠せられている。代表的な論者は第1節で言及したドーンブッシュであった。マンデルたちの考え方では，前節で詳しく見たように，為替レートは国際収支の不均衡によって徐々に増価，あるいは減価していく。これは金利が上昇して有利になった分だけ，その国の資産を買い，その後もまだ有利ならまた

買い足すということを徐々に繰り返していくと考えられているからである。これならば，1年間かけてじんわりと為替レートが増価していくという結論になる。国際収支のような数値は1年間の取引量の差引合計であるが，このような数値はフロー量と呼ばれるのであった。このため，為替レートの決定について60年代まで信じられていた見方をフロー・アプローチと呼んでいる。

　だが，金利が高い国の資産を買うことが有利なら，なぜ金利が高くなった段階で全ての資産内容をその国のものにしてしまわないのであろうか。この考え方に立てば，世界の投資家が資産内容を速やかに調整しようとするために為替レートの変動が起きるということになる。そのことから，70年代以降のこうした考え方を，資産市場という意味の英語を使ってアセット・マーケット・アプローチと呼んでいる。ある日，突如として財政支出が増え，金利が上昇したとしよう。世界の投資家はすぐにこの国の資産を激しく購入するから，為替レートはマンデルたちのモデルの最終水準まで一気に上がる。このため，純輸出は徐々に減少して利子率が低下する。これにあわせて世界の資金がこの国から逃げ出すので，為替レートは徐々に減価していく。

　マネーサプライが突如増えたときには，利子率が下がるので，為替レートは一気に最終的な水準まで減価する。もし，このとき，経済が完全雇用の水準にあれば，国民所得の増価と利子率の低下は一時的なものである。やがて，賃金が上昇して国民所得は減少を始めるが，同時に物価も上昇するのでLM曲線が左に戻り，利子率は上昇していく。こうして為替レートも，物価上昇のもたらした新しい購買力平価の水準までゆっくりと戻る。ドーンブッシュのオリジナルの考えは，この例のように，為替レートが速やか過ぎる調整をする一方で，物価の調整はゆっくりとしか行なわれないためにオーバーシューティングが起こるというものだった[11]。物価の調整も為替レートと時間差な

---

11) 来年マネーサプライを増やすということが今年アナウンスされたらどうだろう。このときにも，アナウンスの瞬間に為替レートの急激な下落が起きるが，それは突然のマネーサプライ増加のときほどではない。急激に下落した後は最安値までゆっくりと変化する。というのも，実際にはまだ利子率が下がっていないので損はしておらず，

く行なわれるとすれば,そもそもLM曲線のシフトがないので為替レートも購買力平価を反映した水準へ移動するだけである。

4 カバー付き金利平価

アセット・マーケット・アプローチの考え方に立つと,国際的な資金運用をするときには,単純に内外の金利差を比べるだけでなく資金を回収するまでの間に,両国間の為替レートがどれくらい変化するかを考慮しなくてはならないことになる。マンデル＝フレミング・モデルのように,両国間の金利が等しくなるように為替レートが決まるという主張をカバー無し金利平価と言うのに対し,運用期間中の為替レートの変化についての予想を組み入れて将来の為替レートが決まるという考えをカバー付き金利平価と呼んでいる。

今年,日本の金利が2％,アメリカの金利が5％であり,為替レートは1ドル＝110円であるとしよう。110万円の投資資金を持っている日本人がこの資金を国内で運用すれば,1年後には112.2万円の元利合計になる。この資金を今年のレートで1万ドルに換金し,アメリカで1年運用すれば,1年後には元利合計で1.05万ドルを手にする。さあ,これは考えもんだと考えている人がたくさんいたらどうだろう。日本の方が有利ならみな日本に投資をするから円高ドル安になっていく。アメリカの方が有利ならみなアメリカに投資をするから円安ドル高になっていく。つまり,投資資金の行き来が安定するためには,1年後の112.3万円と1.05万ドルが同じ価値になる必要があるのである。両金額をイコールで結ぶと,1ドル＝107円という今年よりも円高のレートが,来年成り立つと予測できるのである。この関係を式で示すと以下の通りである。

その損を1年の期間で割引いた金額に見合う資産だけを売っておけばいいのである。
　たとえば,地下鉄の駅が建設されることになったときの周辺地価の上がり方も同じで,計画発表と同時に値段を上げた後は,建設後の最高値までゆっくりと上昇する。損をしないためには,実際に儲けが手に入るまでの年数分だけ,最終の値段を割引いた値でしか購入できないのは明らかだろう。

$$\{(来年の為替レート) - (今年の為替レート)\} / (今年の為替レート)$$
$$= (日本の金利) - (アメリカの金利)$$

　つまり，カバー付き金利平価の主張は，今年の内外金利差の率だけ為替レートが減価するということだ。先ほどの例では，日本の金利の方が低いので1年後に円高になった。逆に言えば，内外金利差が存在するのは1年後に為替レートがどう変化するかについて市場が明確な予想を持っているからだということになる。来年の為替の売買を今年のうちに予約する取引を先物取引と呼ぶが，当然この予想は先物レートに反映する。実際には，市場が来年の為替レートを1ドル＝107円と予測しているならば，先物レートも1ドル＝107円となるが，それも当然のことだろう。つまり，先物レートを見れば，1年後の為替レートについての市場の予測を知ることができるのだ。先物取引に対して通常の取引は直物取引と呼ばれる。直物レートと先物レートの差である3円を直先スプレッドと言うが，これがゼロであれば為替レートの変化はないものと市場が予測していることになる。

　先物市場を利用して為替リスクを避けることができるが，そうした手法をリスク・ヘッジと呼んでいる。リスク・ヘッジの必要は，金融派生商品（デリバティブ）と呼ばれるさらに多様な取引を生んだ。先物取引の権利だけを売買するオプション取引や，通貨の異なる資産を交換する通貨スワップはその例である。だが，カバー付き金利平価が満たされている場合でも，先物レート込みのオーバーシューティングは発生するのである。

第14章 ■パティンキンと経済政策論
Patinkin, Don, 1922-1995

待てば海路の日和あり

Money, Interest and Prices: An integration of monetary and value theory
（『貨幣，利子率および物価』1956年）

1　持続するケインズ革命

　ドン・パティンキンは1922年，アメリカのシカゴに生まれ，1947年，シカゴ大学から博士号を授与されるまで人生の成長期をアメリカで過ごした。しかし，彼の生まれ育った環境はユダヤ系の人々からなるコミュニティという少しばかり特色のある世界であった。ユダヤ系の人々もまた英語を話し，アメリカ的生活を謳歌している一方で，独自の宗教と習慣を守って伝統を大切にしている。食習慣にもキリスト教徒の人たちとは少し違うところがあるし，何よりも自分たちの独自性を誇りにしている。とりわけ，パティンキンが生まれ育った時期は，ドイツでユダヤ系の人々に対する迫害があったので，彼らの国際的な団結は強く，アメリカのユダヤ教徒たちも国際的な難民保護に奔走したのであった。

　現在でもアメリカの多くの都市にはユダヤ系の人々のコミュニティがあるし，シナゴーグと呼ばれるユダヤ教会ごとにまとまりを作って生活をしている。コミュニティ・センターを中心にした活動も盛んである。パティンキンが初めて書いた学術的な論文もまた，ユダヤ系の人々に焦点を当てた経済史の分野でのものだった。しかし，シカゴ大学経済学部に学び，そこの大学院で経済学を修めたパティンキンが，最終的に選んだ専攻分野は理論経済学で

あった。彼の師であり，戦時中から戦後にかけてアメリカで研究と教育にあたっていたランゲは，一般均衡理論の枠組みのなかでケインズの新しい考え方を整理し，形式的過ぎるがとてもスマートな理論体系を作り上げていた。当時の多くの経済学者と同じく，パティンキンもその精緻な体系性に魅せられていたのである。

ナチス・ドイツの迫害はひどいものであったが，それ以前の長い時期にわたって差別を受け続けたユダヤ系の人々にとって，長年の夢であった祖国が建設されるときが来た。だが，彼らの悲願は国際政治の現実の前に翻弄され続けていくことになる。まずイスラエルの建国間もなく，パレスチナ地域に以前から住んでいた人々と同じアラブ系のイスラム教国との間で紛争が勃発する。これが今に至る中東危機の発端である。アラブ諸国の攻撃を撃退したイスラエルはようよう建国の途に着くことができたが，その道のりも厳しいものだった。

1949年，ひとり立ちしたばかりの若い経済学者であったパティンキンは，イスラエルに移住する。この後も彼は，生涯を通じて，アメリカとイスラエルを行き来する研究活動を続けることになる。パティンキンは1957年にヘブライ大学の教授に就任し，イギリスのヒックスやアメリカのサムエルソンと論争を続けながら，ランゲ仕込みの独特なケインズ解釈を展開していくことになる。そして，晩年はケインズの理論の本質がどこにあるのかについて，文献考証的な研究にも取り組み，現代経済学の世界に独自の足跡を残したのであった。もちろん，その間，イスラエルの経済安定化のために奮闘しながら。

2 AS-AD 分析

よく経済を大掴みに捉えてディマンド・サイド，サプライ・サイドと言う

---

1) ランゲは後に祖国ポーランドに帰り，社会主義政権下の計画経済を実施する中心人物として重用された。しかし，この時期はアメリカの数理経済学者として国際的に名声を馳せていたのである。

ことがある。文字通り，前者は需要を重視する視点。後者は供給を重視する視点である。もちろん，経済で品物が売れるためには品物が作られなければならない。また，品物を作るのは品物を買って使う人がいるからである。だから，両方の要因は同時に考慮しなくてはならないし，互いに密接に結びついている。

しかし，物事の筋道を明らかにするには，両方の要因をいったん区別して組み合わせることも重要だ。組み合わせるときにどちらを主導的と考えるかによって，二つの立場が分岐してくる。1960年代までは，マクロ経済学において，また，経済政策において主流であったケインジアンは，主にディマンド・サイドに立って物事を見た。1970年以降，ケインジアンを凌駕していく新古典派マクロ経済学では，サプライ・サイドが重要であるとしている。別に物事を丸く収めるだけが大切なわけではないが，両方の考えは区別した上で協力させることが重要だろう。

図14の右側が，それぞれ経済のディマンド・サイドとサプライ・サイドとを表わす曲線からなるAS-ADモデルである。白菜やガソリンなどの個々の品物の値段と数量を決める需要曲線と供給曲線はよく知られているが，一国の経済についても，需要の側面が右下がりのAD曲線（総需要曲線），供給の側面が右上がりのAS曲線（総供給曲線）で表わされるのは面白い。これら2本の曲線の交点で，その年の国民所得と物価水準が決まるというのがこの分析の要点である[2]。垂直な実線は，この国で完全雇用が成り立つ国民所得の大きさを表わしているが，これより左側にある最初の交点では失業があり，この国は不景気に陥っていることになる。

---

[2] ADは総需要，つまりアグリゲート・ディマンドの頭文字であり，ASは総供給，アグリゲート・サプライの頭文字である。普通の需要，供給と総需要，総供給をある程度類比して理解することは記憶に役立つ。しかし，もちろん片方はミクロ経済学であり，もう片方はマクロ経済学である。たとえば，ミクロの需要，供給で縦目盛りと横目盛りとを掛け合わせたものは，その品物の価額合計だが，マクロの総需要，総供給で縦目盛りと横目盛りとを掛け合わせたものは，（物価水準）×（実質国民所得）＝（名目国民所得）となる。物価水準は，ある年の物価を1として表わされた指数だからである。

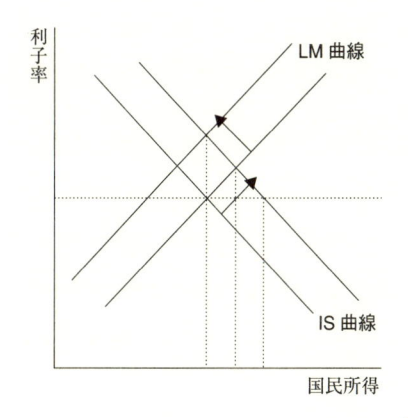

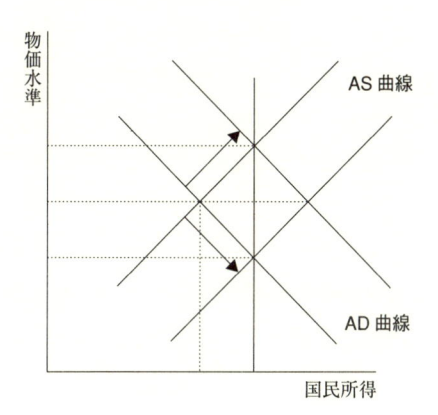

図14

　こうした不景気を克服するとき，経済の動いていく経路には，矢印で示した二つがある。まず，AD曲線が右側に動けば，物価が上昇しながら国民所得は増大していく。動くのがAS曲線ならば，物価が下落しながら国民所得が増大していく。この逆の動きで不景気に陥っていく状況を考えれば分かるように，インフレやデフレは景気がよくなるときにも悪くなるときにも，ともに起こり得るのである。

　とは言え，AS曲線が右上がりに引かれる理由を考えれば分かるが，AD曲線が容易に左右に動いてしまうのに対して，総供給の位置は一朝一夕に動くものではない。だとすると，景気がよくなるときは総需要が増えて物価が上昇するし，景気が悪化するときは総需要が減って物価が下落するのが普通である。好景気にインフレが，不景気にデフレが起きるという私たちの経験に即した事態である。この動きにくいAS曲線は，次のような理由で右上がりになる。私たちの給料は1年の間に大きく増えたり減ったりすることはない。だから，その1年以内に物価が上がったり下がったりすると，それに反比例して実質的な給料の額が上下することになる。企業は人を雇い過ぎると人件費の割に利益が減っていくから，そうなるギリギリ前までしか人を雇っていない。だが，実質的な給料が下がれば，以前より人を雇っても利益はまだ増えていく。こうして生産の規模が増大して国民所得が増していくのであ

る。つまり,生産の面から見た国民所得が増えるとき,物価は上がっていなければならない[3]。だから,AS 曲線が右に動くのは,私たちが給料の引き下げに同意するときか,企業の生産効率が上がったときである。これらのことがなかなか大規模に起こらないのは当然だろう[4]。

では,よく動く AD 曲線はどうして右下がりに引かれるのだろう。右下がりということは,支出の面から見た国民所得が増えているとき,物価は下がっていなければならないということである。これは次のような理由で起こる。物価が下がると手持ちのお金の使い勝手が増す。すると人々は,お金の手持ちを減らして投資信託や株券,債券を購入してもいいと考えるようになる。この結果,利子率が下がって企業の投資が儲かるものになるから,投資額は増加し,全体としても需要が増していく。実は,この説明は前章で見た IS-LM モデルの説明と同じものである。つまり,AD 曲線の背後には IS-LM モデルが隠されている。IS-LM 分析は総需要曲線を通じて,AS-AD 分析に入れ子のように入り込んでいるのである。

3 クラウディング・アウト

図14 の左側には,前章に続いて IS-LM モデルを描き入れてある[5]。ただ

---

[3] 勤労者は物価が下がっても現在の給料の引き下げには激しく抵抗するから,給料はほとんど下がらない。こうした「賃金の下方硬直性」があると,AS 曲線は現在の交点より左下で双曲線のカーブを描く。これに対して,物価上昇による給料の引き上げは徐々に行なわれていくだろうから交点の右上では右上がりの傾きが急になる。もし,上にも下にも,物価の変化に比例的に給料が変わるならば,AS 曲線は,完全雇用の国民所得のところで垂直な直線になるのである。

[4] 企業の生産効率の上昇が合理化によって起こると,人員削減という意味でのリストラをもたらすことになる。だから,サプライ・サイド政策で景気回復を図ると,国民所得は増すが,失業は減らないどころか増えることにもなりかねない。構造改革路線は「雇用なき経済成長」に繋がるかもしれないのである。したがって,本格的な雇用増加のためには,企業の利益増加が投資に繋がり,AD 曲線が右に動くことも欠かせない。

[5] やはり右上がりと右下がりで,形式上,需要曲線と供給曲線によく似た IS-LM モデルは,あるものの需要曲線と供給曲線と考えられないでもない。あるものとは,金

し，前章のオープン・マクロの理論とは違い，経済の国際的な関係を示すBP曲線は省略してある。念のために言えば，BP曲線を省いてもAD曲線は右下がりになる。実質的なマネーサプライが増えたときの国民所得の増加は，円安によってかえって大きくなるから，右下がりの勾配は緩くなるが。

　この図で物価が下がって実質的なマネーサプライが増え，LM曲線が右に動くと利子率が下がりながら国民所得が増える。これが上で見たAD曲線だ。では，AD曲線を右に移動させ，デフレを克服しながら景気を回復する方法を考えてみよう。まず，公共事業を増やしたり減税をしたりする財政政策だが，既に前章で見たように，総需要を増やす効果は一時的なものにとどまる。徐々に円高が進行して，公共事業費を増やした分，純輸出が減っていくからだ。それでは，金融緩和でマネーサプライを増やすのはどうだろう。これには，円安で純輸出が増えることを加味して，かなりの効果が期待できるはずだ。だが，このとき同時に人々の流動性選好が強くなっていたらどうだろう。マネーサプライは増加しても，人々はお金をできるだけ手許に置いておこうとするから利子率は下がらない。これはLM曲線が元の位置にとどまることを意味する[6]。

　このように，なかなか回復への妙案がない不景気も起こり得るのだが，財政政策の効果を限定的に考える議論はクラウディング・アウトの理論として昔からなされてきた。IS-LMモデルで，まだ円高の効果が出ていない状況を考えよう。図に描き込んだように，この状況では公共事業費を増やせば，前年よりは利子率が上昇しながら国民所得が増える。だが，この利子率の上昇というのが曲者だ。利子率が上昇しなかった場合を考えて，元の利子率の高さが右に動いたLM曲線と交わる国民所得を，実際の交点の国民所得と

　　回り，つまり流動性である。LM曲線は，国民所得の大きさで表わされる流動性を供給するために必要な利子率を繋いだ曲線，IS曲線は，供給に等しい大きさの流動性を需要するのに必要な利子率を繋いだ曲線と見なし得るからである。
6)　したがって，流動性選好が強まって，人々が貯蓄の多くを現金や預金で持とうとすることは，ある1万円が1年間に何回取引を媒介するかという貨幣の流通速度が遅くなることを意味する。こうして取引が縮小し，品物が売れなくなるのである。

比べると，国民所得の増加幅がほぼ半分になり，残り半分の効果が失われている。この失われた増加分のことをクラウディング・アウトと言うのだ。財政支出の増加が利子率を引き上げて民間の投資を押し出した，という意味である。このクラウディング・アウトはイギリスの経済学者ヒックスが強調した。

さらに，アメリカの経済学者フリードマンは，財政支出増加の背後では国債の発行が行なわれているはずであり，その国債は国民が購入していると考える。自分の資産のうちで国債という証券を増やした国民は，資産構成のバランスを取るために現金や預金も増やそうと考えるだろう。こうして流動性選好が強まるので，今度はLM曲線が左に動き，利子率がさらに上昇しながら国民所得がほとんど元の水準に戻っていく。こうして，フリードマンは，同時にマネーサプライを増やさないと財政支出増の効果がほとんど失われることをクラウディング・アウトと定義した。この理屈は，人々が民間の証券を購入していたところへ国債という新たな証券を投入すると，証券全体の価格が下がり，利子率が急騰する事情を考えるとよく理解できる。

いずれにしても，財政政策に景気回復を期待することは困難であり，金融政策も流動性選好に阻まれて功を奏さない今，外需という他人頼みか，企業の投資意欲の回復に待つしかないようにも見えてくる。

4 実質残高効果

パティンキンもまた，ケインズの考え方が本当に輝くのは流動性選好が景気の回復を妨げている場合であると考えた。特に極めて低金利の状況では，第6章で見たように貨幣需要が無限大になり，マネーサプライを増やしたちょうど同じ分だけ，その効果を相殺するように貨幣の流通速度が低下してしまうと考えられる。これを流動性の罠と呼ぶのであった。流動性の罠は，IS－LM分析で言えば，LM曲線が左下部分で水平になっていることである。景気の悪化でIS曲線がその領域に入ると，利子率はここより下がることはないから，いくら物価が下がってマネーサプライが実質的に増えても国民所得は増大しない。こうして，AD曲線の横軸に近いあたりをよく見てみると，

右下がりだったのがガクッと屈折して垂直になっているはずである。どのくらいのところから屈折するかは，投資や消費の意欲，純輸出，財政支出の水準がどのくらい小さいかによる。これらが小さくてIS曲線がずっと左にあるとAD曲線は上の方で屈折し，AS-ADモデルの相当左で垂直に落ちる。IS曲線がずっと右にあれば，垂直に落ちる位置は低いのでAD曲線が横軸と交わるのはかなり右の方だろう。

　パティンキンは物価が1年や2年では変化しない状況でものを考えていた。アメリカでは60年代後半に入るとインフレが加速していき，物価の変動は景気を考える上で無視できない要素となっていく[7]。しかし，パティンキンの主著が出版されたのは1950年代半ばであり，そのとき物価は戦前に比べ極めて安定的に推移していた。もし，今年の物価が去年と同じならば，AD曲線上のその物価のところで国民所得が決まる。総供給の要因は国民所得の決定に一切作用しないのである。そして，何年もかける物価の変化は正確に給料の変化に反映されるだろうから，実質的な賃金は毎年変わることなく，第2節で説明したようにAS曲線は垂直になる。ということは，IS曲線が左にあってAD曲線が早く垂直に落ちるときは，国民所得は完全雇用の水準に全く足りず，AS-ADモデルが交点を持たないことになる。パティンキンはこれこそケインズが問題にした事態だと考えたのであった。パティンキンは言う。ケインズの考え方は誤って不完全雇用均衡と呼ばれているが，モデルが交点を持たないのだから，不完全雇用不均衡と呼ばれるべきだ，と。

　だが，失業が存在すると徐々に賃金が下がるから，それにあわせて10年くらいかけて物価も下がるであろう。AD曲線が右下がりならば，利子率が

---

7) 次章で取り上げるフィリップス・カーブは当時，ケインジアンによって，IS-LMモデルを補完し，物価上昇を説明するモデルとして急遽採用されたものである。だが，この試みは，失業が解消しないままに物価上昇が続くスタグフレーション現象が70年代に現われることによって脆くも打ち砕かれる。新古典派マクロ経済学が台頭してくるなか，ケインジアンはAS-AD分析を採用することで，80年代になってやっとスタグフレーションに整合的な説明を与えることができたのであった。サムエルソン＝ノードハウスのベストセラー・テキストの第12版にAS-ADモデルが登場したのは1985年のことであった。

低下して国民所得は増えていく。ただ，経済が流動性の罠に陥っていれば，AD 曲線は垂直であるから，景気は一向によくならない。ここでパティンキンは新たな効果を導入する。名付けて実質残高効果。人々が流動性選好を強めて持っていることになっている貨幣ストックの実質的な量を実質残高と言う。物価が下がるということは，いざ手持ちの貨幣を使ったときの使い勝手がよくなることだから実質残高は 10 年かけて徐々に増えていく。そうすると人々はその分リッチになっていくので，たとえ年間の所得が変わらなくても，消費の割合や投資意欲を増していくだろう。これは IS 曲線の右への移動を意味するから，AD 曲線は年々，垂直に落ちる位置を右に移動して右下方へと伸びていく。こうして国民所得は時間ともに自動的に増加し，やがては垂直な AS 曲線と交わって完全雇用が達成されると言うのである。

同じ考えは，ケインズの兄弟子であり生涯ケインズの考えを認めなかったピグーによっても提起されていたので，これをピグー効果とも呼ぶ。[8] ただし，パティンキンの場合は，ケインズを批判するためではなく，物価のあまり変化しない時期にはケインズ的な不景気に陥ってしまうことを説明するために，この考え方を用いた。晩年の研究でもパティンキンは，ケインズの考え方のエッセンスを，物価よりも産出量が変化しやすいために景気変動が起こるとした点に見た。ケインズ以前の経済学では，物価が速やかに変化するので，産出量が変化する必要がなく，経済はいつも安定していることになるのである。

5 乗数という考え方

ケインズは自分の政策についての考え方を端的に表わすものとして導入さ

---

8) 実質残高効果と，株式や土地の値上がりが消費や投資を増やす資産効果とは，好景気をもたらす事情は同じだが，区別して考えなければならない。物価は毎年生産されて使用される品物の値段を平均したものだが，資産効果をもたらすのは株価や地価などの資産の価格上昇だからである。根拠のない資産価格の上昇，つまりバブルも資産効果を通して好景気を導くが，バブルが弾けて資産価格が下落すると逆資産効果が働いて深刻な不景気に繋がってしまう。

れた乗数理論について誇らしげに語っているが，これはケインズの創見と言うより，ケインズのアイディアを元に弟子のカーンが作り出した理論である。乗数理論では，政府がある金額の呼び水を出してやれば，それの何倍もの金額分だけ国民所得が増加していく。

今年，政府が 72 億円だけ財政支出を増やしたとしよう。乗数の考え方では，これが国民の懐に入るところがタネとなり，消費が増え，その消費がまた新たな消費を呼んで，1 年を通して見れば莫大な所得増になる。国民が所得の増えた分からどれだけ消費するかの割合を消費性向[9]と呼ぶが，これが 0.8 であるとしよう。所得の増加全体が割合の基準 1 であるから，この塊のうち，消費の増加が 0.8，貯蓄の増加が 0.2 である。でも，考えてみれば，家計が貯蓄に回す 0.2 の割合のお金も誰かが支出していなければ，そもそも所得は増加しなかったはずである。では，誰がその分を余分に支出したのか。それは政府以外にはおらず，金額は 72 億円である。72 億円にあたる割合が 0.2 だから，全体 1 は前者を後者で割って 360 億円になる。つまり，全体の効果はタネの 5 倍になっているのだが，この 5 こそが，倍率の意味で乗数と呼ばれるものだ。乗数は次の式として求められる。

$$1/\{1-(消費性向)\}$$

最初のタネ，72 億円は財政支出の増加でなくてもよい。要は，消費を行なう家計以外の支出増であればいいのである。財政支出増以外の候補としては，投資や輸出があげられる[10]。

---

[9] 厳密には，(消費の増加)/(所得の増加) だから限界消費性向と呼ばなければならない。(1 年間の消費総額)/(1 年間の所得総額) である平均消費性向と区別するためである。

[10] ただし，外国との貿易を考えると輸入も考えなければならない。所得の増加のうち，家計が外国製品を購入する割合を輸入性向と呼ぶが，外国貿易を考慮した乗数は，次の式で表わされるものになる。

$$1/\{1-(消費性向)+(輸入性向)\}$$

所得増加に対して，たとえば20％の所得税が課せられている場合，乗数はどうなるだろうか。まず，所得が割合1増加しても所得税20％が課されるので可処分所得は割合で0.8である。このうちの0.8の割合を消費するから，二つを掛け合わせて，消費増加の割合は所得増加の0.64である。つまり，家計が購入し残す割合は残りの0.36であり，これで72億円を割れば，今年の所得増加は200億円にとどまることが分かる。所得税がある場合の乗数を式にすれば，下の通りである。[11]

$$1/\{1-(消費性向)\times(1-[所得税率])\}$$

たとえば，財政支出の増加が360億円の所得増加をもたらしたとすると，IS-LMモデル上でIS曲線が360億円の幅だけ水平方向右に移動する。実際にはクラウディング・アウトのために，新しい交点の国民所得はこれほどまでに増えないのは先に述べた通りである。それでは，マネーサプライが120億円増えたとき，LM曲線は水平方向右にどれだけ移動するだろうか。利子率が一定なら流動性選好は一定であり，貨幣の流通速度は変わらないので，LM曲線の水平位置はマネーサプライに流通速度を掛け合わせた国民所得のところに決まる。現在の利子率で貨幣の流通速度が3であれば，LM曲線は360億円分真右に移動するのである。

では，中央銀行はどうやってマネーサプライを増やすのだろうか。これは

なぜなら，家計が生産増のうち，消費せずに購入し残す国内製品の割合は，貯蓄の割合だけでなく輸入の割合を加えたものになるからだ。家計の支出が回るべきところが外国製品にすり代えられた金額分だけ，家計以外の誰かが国内製品を購入していなければならない。この割合が分母に来ている。つまり，輸入性向が高いほど乗数が小さく景気回復効果も小さいわけで，この差額を海外への「需要の漏れ」と呼んでいる。

11) 日本ではヨーロッパで付加価値税と呼ばれるものが，誤解を招く消費税という名で呼ばれている。いわゆる消費税は，国民の所得やそこからの消費に課税しているわけではなく，企業が経済活動を行なって生産した付加価値の一定割合を徴収するものである。だから，家計ではなく会社が納税しているのだ。国民所得は，1年間に作り出された付加価値の合計から付加価値税のような間接税を引いて政府から企業への補助金を足したものであり，所得から消費税が引かれていると考えるのは間違っている。

ハイパワード・マネーの調整によってである。ハイパワード・マネー（ベース・マネー），またはマネタリー・ベースと呼ばれるのは，市中に出回っている現金と，市中銀行が中央銀行に預けている準備預金の合計である。これらは通貨当局である日本銀行の名前が直接出ているお金である。これに対して，マネーサプライの定義をあらためて言うなら，市中に出回っている現金と，私たちが市中銀行に預けている預金である。現金の部分はすっかり重なっているが，私たちの預金と準備預金も法律で決まった準備率で結びついている。準備率が2％なら，私たちの預金を1として準備預金は0.02の割合であるということだ。同様に，私たちが預金と現金を組み合わせて持つ割合もだいたい決まっていよう。今それが，預金1に対して現金0.18としよう。すると，マネーサプライが割合で1.18であるのに対して，ハイパワード・マネーは割合で0.2になろう。これらの比率は5.9になるが，債券の購入で現金を増やしたり準備率を変更したりすれば，ハイパワード・マネーを調整でき，結果としてその5.9倍のマネーサプライを増加させることができるということである。この倍率を貨幣乗数と呼んでいる。日銀がハイパワード・マネーを20億円増加させることに成功すれば，マネーサプライは118億円増加するのである。

第15章 ■ルーカスと景気循環論
Lucas, Robert E., Jr., 1937 −

先んずれば人を制す

"An Equilibrium Model of the Business Cycle"
(「均衡景気循環モデル」1975 年)

1 数学と歴史の間

　ルーカスと言えば，多くの人は映画スターウォーズ・シリーズの生みの親ジョージ・ルーカスを思い浮かべるだろう．しかし，現代経済学のビッグネームであるルーカスは，アメリカ映画の聖地ハリウッドと同じ西海岸に生まれたロバートの方である．経済学者ルーカスが生まれたのは華やかな大都会ロサンゼルスからは程遠い，ワシントン州のヤキマという町であった．1937年のことである．高校時代から数学が得意で様々な数学書を読みふけっていた彼は，当時アメリカで数学的な学問としてもてはやされていた経済学を学ぶべく，経済学の名門であるシカゴ大学の経済学部に入学した．
　しかし，ロッキー山脈に臨む自然豊かな地域で育った彼にはシカゴの水は合わなかったのであろうか．晴れて大学生になったはずのルーカスだったのだが，入学間もない時期から彼に憂鬱が取り付くことになる．彼自身は大学の教養課程で勉強した数学が，どれもこれも自分が高校で独学した域を出るものではなかったため，大学の勉強にすっかり興味を失ってしまったのだと言っている．日本なら五月病というところだろう．これに引き換え，教養で教わった歴史学は理系少年であったルーカスにはすこぶる新鮮なものであったらしい．やがて彼は歴史学に専攻を変えようと考え，シカゴ大学から郷里

に近い西海岸はカリフォルニア州の大学に移ってしまった。

だが、彼には経済学、というより数学が忘れられなかったようである。再び、シカゴ大学に戻ったルーカスは、経済数学や計量経済学の勉強から始めて、数学的な経済学の研究を志すようになる。このとき特に興味を持って勉強したのが確率論であったのは、後に人々の期待形成の考え方で経済学に革命的変化をもたらすルーカスらしい逸話である。ここで期待形成というのは経済学独自の用語とでも言うべきもので、将来に向けて経済上の決断をする際の判断材料として予想をどう立てるかということである。英語のエクスペクテーションは期待とも予想とも訳されるが日本の経済学は「期待」の訳語の方を選んだ。期待といっても望みや希望の含みがないことには少し注意が必要だろう。経済上の決断と言えば、経済学者としての最初の研究は企業の投資判断についてのものだった。予想の形成、そして投資の決断。将来の革命的経済学者ルーカスの素地はこうして形成されたのである。

2 合理的期待革命の渦中へ

ルーカスが回り道をせず真っ直ぐに経済学者になっていたら、現在合理的期待革命と呼ばれている学問上の革新を成し遂げていたかどうかは疑わしい。しかし、ルーカスの好きだった歴史に「もしも」は禁物だから、ルーカスの性格からして必然的な回り道だったと言い直すべきだろう。

ルーカスの合理的期待の考え方が初めて登場した論文[1]はあまりに斬新過ぎて、学術雑誌のレフェリーの理解を得られなかったようである。彼の論文は70年代のスタートともに現われるが、投稿した雑誌から一度差し戻され、2

---

[1] 合理的期待という用語はルーカスが最初ではなく、彼より10年前にミュースという経済学者によってその考え方とともに提起されていた。しかし、そこではデータを扱う実証的な経済学で技術的な細部として提案されていたため、ルーカスによって再発見されたときほどの影響力は持たなかった。後に見るようにルーカスがこれを経済学の理論の欠くべからざる部分として位置付けたことによって、その概念の本当の意味が理解されるようになったと言える。

年後の再投稿で掲載された。今となってみれば伝説的な話である。

　そもそも，合理的期待形成が合理的である所以は，人々が現在知り得る情報を全て使って予想を導くところにある。これは当たり前のように感じられるかもしれないが，合理的期待の考え方が一般化するまで経済学では，期待形成の考え方は分野ごとに真っ二つに分裂していた。家計や企業の基本的な行動や市場のメカニズムを明らかにするミクロ経済学の分野では完全情報という仮定が置かれ，人々は予想を形成する以前に将来起きることまで含めて事実を知り得るとされていた。これは経済のメカニズムの基本を考える際にはやむを得ないことと言えるかもしれない。だが，現実の経済データを用いて一国の経済を分析し政策提言にあたるマクロ経済学ではこうはいかない。ここでは経済データの本質上過去の事実しか知り得ないこともあって，人々が去年と同じことが今年も起きると信じていると仮定しての分析が行なわれていた[2]。合理的期待の本質はこの二つの仮定を統一することにあった。そして，その先には上記のミクロ経済学とマクロ経済学の統一が目指されていたのである。ルーカス自身が，合理的期待革命によって「経済学の分裂病」が癒されたと自負する所以である。

　だから，合理的期待の重要なところは，それが合理的であっても期待であるという点にある。この世の中に経済学がある以上，新聞やテレビの経済ニュースをよく見ている人ならばそれらの知識や情報を総動員して，間違いのない予想を立てることができる。そして，皆がそのように十分に勉強家で合理的であれば，経済では予想の範囲内の事件しか起きず異常な混乱に惑わされる必要もない。

　70年代初めにルーカスの論文が認知されるや，このシャープでクリアな考え方は経済学の世界で一世を風靡し，多くの論文が世に送り出された。そこで明らかになったのは，特にマクロ経済学の世界で信じられていたことの

---

[2] 文字通り以前と同じことが起きると信じていれば，信じた以外のことが起こっても人々は愚直に以前と同じ行動をとるだろう。これを静学的期待と言う。信じた以外のことが起こったとき，たとえば数年かけて少しずつ自分の行動パターンを変化させていくなら，これは予想の形成の面では適応的期待と言う。

なかに，人々の予想が不完全であるために起きていることがいかに多いかということである。ということは，政府が何をせずとも人々によく経済学を理解してもらい，経済の情報を正確な形で伝えることで様々な経済問題は発生を食い止められるかもしれないということになる。ルーカス以外にも多くの経済学者が合理的期待の旗印を掲げるようになり，彼らは合理的期待学派と呼ばれるようになっていく。そして，ルーカスは軍団の最高司令官として彼らを引っ張っていくのである。その矛先にはケインジアンという敵軍がいた。

3 ルーカス・クリティーク

当時，マクロ経済学の分野はケインズの置いた仮定に基づき，経済政策を遂行するための分析と理論の検証とを行なっていた。そもそも，ケインズ自身はミクロ経済学に還元できない一国経済の独特の動きを解明するためにマクロ経済学を創始したのだから，マクロ経済学がミクロ経済学とは異なった位相を持つのはケインジアンから見れば当然のことでもある[3]。であるから，当時のマクロ経済学の理論は財政や貨幣量を通じた経済政策を提言するに相応しい構造を持っていたし，計量経済学と呼ばれる分野では，そのマクロ経済学の理論に基づいた式をデータで検証し，あるべき政策手段と運用度合を計ることを仕事としていたのである。今もそうであるがマクロ経済学と計量経済学はお互いなくてはならないパートナーであるし，特に70年代までは政策提言を最終目的として密接に結びついていた。ルーカスは70年代半ば，この蜜月時代に極めて本質的な疑問を投げかけることになる。

そもそも，マクロ経済学と計量経済学が政策を評価し提言する仕組みはこうである。分析者はマクロ経済学の道具箱から，経済データ間の関係を表わ

---

[3] 1936年，ケインズが彼の下に集まった若い経済学者との共同研究の成果を『雇用・利子および貨幣の一般理論（きょうがく）』として世に出したとき，それまでミクロ経済学しか知らなかった世間は極めて驚愕した。これがケインズ革命と呼ばれる経済学史上の事件である。これに対して，マネタリストのフリードマンに始まり，ルーカスにより磨かれたケインズ批判の流れはケインズ反革命の名で呼ばれることもある。

す数式を選び出してくる。そして，第9章で見たような方法でその数式にデータを当てはめ，理論ではaやらbやらの文字で表わされる，その経済の特性を表わす式の定数を求める。これらの数値をパラメータと呼ぶのであった。こうして過去のデータに基づき，この国の経済の構造は科学的に推計されたのだから，あとは政策を表わす変数の部分にいろいろな数値を当てはめて政策の効果や度合を適当に選び出すことができよう。たとえば，財政支出を1兆円増やせば経済成長率は0.5％上昇するとか，貨幣量を500億円増やせば失業率は0.3％減るといった具合である。

　しかし，とルーカスは言う。ルーカス自身によってマクロ経済学の理論の要に据えられた合理的期待の考えに従えば当然のことだが，この政策評価は論理的に信用できない怪しさを含んでいる。経済モデルのパラメータを推計したとき，使ったのは過去何十年かのデータだが，それぞれの年に実際に取られた経済政策は異なっていたはずである。もし，人々が，合理的期待学派が考えるように政策の変化の結果を速やかに予想し，それに合わせてその年の経済行動を変化させるとしたら何が起こるだろうか。おそらく，経済構造を表わすとされるパラメータそのものが昨年とは違ってしまうであろう。よしんば，昨年の経済構造をうまく推計できたとしても，今年新たな政策を実施することを決定した政府が国民にそのことを伝えた瞬間，もはや今年のパラメータは昨年のものと同じではなくなる。かくして，合理的期待の考え方に基づく限り，これまで営々とケインジアンの経済学者が営んできたデータの収集とそれによる政策評価は無意味であったということになるのである。この衝撃的な批判をルーカス・クリティークと呼んでいる。

　ルーカス・クリティーク以降，マクロ経済学も計量経済学ももはやこれまでと同じではあり得なくなった。ルーカスの考えを受け入れるにしてもそれに反発するにしても，データを用いた経済構造の推計をする以上，ルーカス・クリティークに言及せずに済ますわけにはいかなくなったのである。こうして，これ以降のマクロ経済学における経済データの扱いは二つの潮流に分かれていくことになる。

　一つは，経済構造の推計を言わばあきらめ，データ自身に語らせる方向で

ある。シカゴ大学のシムズらがこの中心となったが，彼の近くにはサージェントら合理的期待学派の中心人物もいた。シムズの方法は時系列分析といわれるやり方に軸足を置いたものだが，最も単純に言えば，問題にしている変数の過去何年か分の値が今年のその変数の値を決めると考えるのである。例えば，今年の平均株価は過去10年間の平均株価から決定されるとか，今月の為替レートは過去32ヵ月間の為替レートから決定されるとかというように考えるのである。実際にはいろいろな経済データを束にして，それらの過去の値が現在の経済データを決めるというかたちで分析が行なわれる[4]。この方法に対して，従来の経済構造を仮定しつつ行なわれる分析を同時方程式分析と呼ぶ。同じ変数の時間の流れで分析をするのに対比して，今年の様々な経済関係を一気に数式で分析するという意味である。

　もう一つの方向は，政策が変化しても変わらないもっと基本的な経済構造も推計してしまおうという考え方である。たとえば，消費者一人一人が物価や金利の変化にどう反応するかとか，個々の企業が為替レートや株価の動向にどう反応して投資額を決定するかということである。しかし，計量経済学の推計がマクロ経済学の理論に基づいていたそもそもの理由は，実際に手に入るデータが全ての消費者の行動を集計したものであったり，全ての企業の投資額を合計したものであったりしたためだった。上にあげたようなより根本的な関係が推計できるのなら初めから苦労は要らないのである。そこでこうした方向を取ろうとする経済学者はカリブレーションと呼ばれる独自のやり方に頼ることになる。彼らは根本的な経済関係を表わすパラメータに適当な数値を与えて，経済データの変数がどう決定されるかを理論に基づいて計算する。いわば，理論に基づくシミュレーションである。それをデータのある全ての年について行ない，これを実際の経済データの動きと比較する。シミュレーションの結果が数値のレベルやばらつき具合で実際のデータと大き

---

[4] 時系列分析の手法は，株価や為替レートについてかなり良好な予測ができることが分かってきている。このやり方は，たとえば，株価が値上りするか値下がりするかの基本的な動向（トレンド）とその動向の周りでの予期できないばらつき（ボラティリティー）だけから複雑な動きを説明しようとするのである。

く異なっていれば，最初にパラメータに与えた数値を変更して同じことを繰り返す。こうして計算結果から逆に経済構造を推計していくのである。[5]

4　インフレとフィリップス・カーブ

　これまでに述べた業績によって，また，合理的期待の考え方が経済学者に広く普及したことを背景にして，シカゴ大学教授ルーカスは1995年にノーベル経済学賞を受賞した。しかし，この受賞はもちろん彼だけの功績ではなく，合理的期待仮説の爆発的な普及を準備した先駆者の貢献もあったことを忘れてはならないだろう。その中心となるのが，マネタリズムの創始者ミルトン・フリードマンである。ルーカス自身も合理的期待の最初の論文を，フリードマンの政策的結論に厳密に学問的な裏づけを与えるために書いたと述べている。このことはケインジアンであるトービンが合理的期待学派のことをマネタリスト・マークⅡと揶揄する理由にもなっている。

　このフリードマンが熱心に取り組んだのが，アメリカで60年代後半から忍び寄り，70年代になると駆け足となり，70年代末に二桁近くに達したインフレの問題だった。さらに彼が解明しなくてはならなかったのがスタグフレーションと呼ばれる現象であり，ヨーロッパでは早い時期から，アメリカでも70年代後半に大いに経済学の世界を賑わしていた。本来インフレは好景気と，デフレは不景気と結びつく。好景気にはものの売れ行きに生産が追い付かずもの不足になるために物価が上がりがちだからだ。逆に不景気にはものの売れ行きが落ちるが生産は急には減らせず，もの余りになって物価は下がりがちになる。しかし，スタグフレーションという言葉が不況（スタグネーション）とインフレーションの合成語であることからも分かるように，

---

[5]　ケインジアンの同時方程式分析において，経済モデルが巨大化していった背景には大型コンピュータの計算能力が長足の進歩を遂げていったことがあったと言われる。同じように，時系列分析やカリブレーションのような，方法はシンプルだが，繰り返し計算を必要とする方法が発展していった背景には，パソコンの進歩と普及があったと言えるかもしれない。

この時期，アメリカとヨーロッパでは景気が悪いのにインフレが続く事態が見られた。これはそれまでの経済学の常識を覆すものであったのである。より厳密に言えば，この時期には失業率が下がらない上にインフレは加速していった。物価が上がるスピードもアップしていったのだ。

スタグフレーションを巡るケインジアンとマネタリスト，すなわちフリードマンの決戦の舞台となったのは，フィリップス・カーブと呼ばれる理論的な枠組みだった。イギリスの経済学者フィリップスの研究からヒントを得てアメリカのケインジアンが考案したこの枠組みでは，縦軸に物価上昇率を測り横軸に失業率を測った平面上に，右下がりの曲線を描く。すなわち，インフレのスピードと失業率には，あちらを立てればこちらが立たずのトレードオフの関係があり，インフレの終息と失業の解消とを同時に達成することはできないとしたのである。だが，スタグフレーションはこの右下がりの関係を打ち砕いた。この舞台に踊り込んだ50過ぎのフリードマンは，スタグフレーションをフィリップス・カーブが徐々に上に移動する事態と考える。彼の説明はこうである。確かに，ケインジアンの言う右下がりのフィリップス・カーブはある年には成り立っていると考えられる。それは人々が現在のインフレ率がそのまま続くと信じているからである。たとえば，インフレ率が4％であると人々が思っていたときに物価上昇のスピードが8％にアップしたとしよう。人々はこれを好景気を表わすものと考えるから，実際に生産を増やして好景気を結果として実現する。しかし，その好景気が見せかけのもので物価の上昇分を差し引けば利益が上がっていないと知った人々は，生産を元の水準に戻すので好景気は終わりを告げる。その後，人々の頭のなかにはインフレは8％で進むものという思いが残されるから，新しいフィリップス・カーブは4％より上の8％を基準として引かれることになる。

ここに既に期待の要素が現われていることにお気付きだろうか。人々は去年のインフレが今年も続くと信じているが，実際のインフレの進行を見て時間差でその思いを修正する。合理的期待の本格的提唱者であるルーカスは，人々の予想がどの程度合理的かによって政策変更後の経済の動きに違いがあることをより詳しく分析したいと考える。そのためにはフリードマンのよう

にフィリップス・カーブだけを問題にするのでは不十分であり、それをも一部として取り込んだより大きな枠組みが必要になってくる。

5 均衡景気循環論への歩み

　好景気や不景気を見るときに人は何に着目するだろうか。GDP あるいは国民所得が大きければ好景気だし、小さければ不景気である。また、失業率が高ければ不景気であることは間違いないし、好景気にそれは低くなる。このように国民所得と失業率には密接な関係がある。その密接な関係は誰しも予想がつく常識的なものだろうが、アメリカの経済学者オークンは実際のデータを使って両者にシンプルな関係が成り立つことをつきとめた。これをオークンの法則と呼んでいる。失業率が高いときに国民所得は小さく、失業率が低いときに国民所得は大きいというこの関係を使えば、フィリップス・カーブの横軸を国民所得に書き換えることができる。ただし、フィリップス・カーブで右に行けば行くほど不景気、すなわち国民所得は小さいのだから、グラフの左右を入れかえるのが自然だろう。こうして縦軸に物価上昇率を、横軸に国民所得を測った右上がりの曲線へとフィリップス・カーブは姿を変える。この変換後のカーブはルーカス型供給関数、またはインフレ供給関数と呼ばれるものである。

　経済学では何事も需要と供給があってこそ決まるから、ルーカスがこのインフレ供給関数と組み合わせるのはインフレ需要関数である。インフレ需要関数は前章で見た総需要曲線の示す関係から導かれる。思い出してもらいたい。総需要曲線では縦軸に物価水準を測っていたが、インフレ需要関数を描きこむ平面は縦軸が物価上昇率となっている。喩えて言えば、前者では経済という自動車の現在位置を高速道路で基点から何キロメートルというように表わしていた。しかし、後者では現在の時速が何キロメートルと、そのスピードを示している。前者は時間を止めて今年の物価を示しているのに対して、後者は物価の上がるスピードという動きのある状態を示している。それでは、総需要曲線がなぜ右下がりだったかを思い出してみよう。ここでは物価を今

年という時点で止めてあるのに対応して，貨幣量も一定であると考えていた。貨幣量つまりマネーサプライが一定のときに物価が下がれば実質的なマネーサプライは増えたのと同じだから，経済では金回りがよくなって投資も増え，それが消費をも累積的に増やして国民所得が増えていく。これをルーカスの動きのある需要曲線に当てはめてみよう。今度は縦軸に物価の上がるスピードを測っているから，これと比較される貨幣量もマネーサプライの増加率である。マネーサプライが増えるスピードが一定のとき，物価上昇率が下がればその差の分だけ実質のマネーサプライは増加していく。これが経済の金回りをよくして国民所得を増加させるのである。以前は基準がある地点であったので現在何キロポスト付近を走行中という報告でよかったが，今度は基準もあるスピードで高速道路を走行中だから，自動車が何キロポスト付近にあるかを言っても無意味であり，走行スピードを報告する必要があるのである。

今行なった議論はそのままのかたちで，前章の総供給曲線とインフレ供給曲線との関係にも適用できる。総供給曲線が右上がりだったのは，賃金を一定として物価水準が上昇すれば企業にとっての実質的な人件費負担が小さくなるので，企業は生産を増やしてもそれだけ利益を稼げるからであった。現在の賃金が物価上昇率と同じスピードで上昇中であるとしよう。このとき企業には通常の生産水準を上回る生産を行なうインセンティブが働かない。もし，通常の生産水準以上に生産が増えるとすれば今年のインフレが昨年以上に加速し，その分だけ企業の人件費負担を引き下げなければならないのである。したがって，フィリップス・カーブを介さなくても，インフレ需要関数と同様に総供給曲線からインフレ供給関数を導くこともできたのである。この意味でルーカスはそれまで経験則と目されていたフィリップス・カーブを初めて理論的に導いたことにもなるのである。

図 15 に描いたのがインフレ供給関数とインフレ需要関数である。この経済では通常の生産水準，[6]したがって国民所得を 200 兆円，今年の物価上昇率

---

6) 現代の経済学では通常の生産水準に経済があったとしても失業は存在すると考えられている。どんなに景気がよくても失業が存在するのがむしろ自然だというのである。先進国ではこの値は数％くらいであると考えられているが，フリードマンはこの失業

物価
上昇率

8％

4％

200兆円　　国民所得

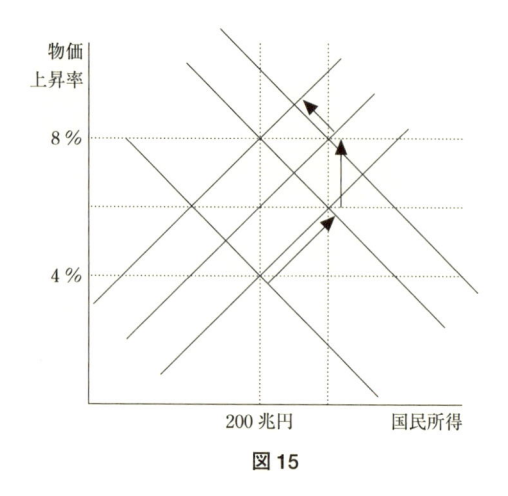

図15

を4％としてある。この二つの数値のところで交わっている右下がりの曲線と右上がりの曲線とが今年のインフレ需要関数とインフレ供給関数の位置を表わすのである。この状態にある経済に対し，政府がマネーサプライ増加率をこれまでの4％から8％に上げたとしよう。これにまず反応するのはインフレ需要曲線である。インフレ需要曲線はマネーサプライの実質的な増加がない限り前年の国民所得水準にとどまろうとするはずだから，インフレ率が政府の変更したマネーサプライの増加率8％に等しいときに国民所得200兆円を指していなければならない。ということで，この二つの数値が示す点を通るように大きく上方に移動する。すると交点は，物価上昇率約6％，国民所得約225兆円というあたりになる。この変化はさらに翌年のインフレ需要関数，インフレ供給関数にともに影響を与える。まず，インフレ需要曲線だが，先ほどの理屈に従い，インフレ率8％で国民所得225兆円を指すように

率を自然失業率と名付けた。ルーカスたち合理的期待学派もこの考えを踏襲するが，自然失業率は人々が転職を繰り返すために存在するのだという理由付けを与えた。職探しやキャリア・アップには多少の時間がかかるからである。したがって，失業率は常に数％でも失業者の中身が入れ替わっていれば問題ないのであり，自然失業率が存在するのは職業の健全な流動性が確保されている望ましい状態だと考えられる。

さらに上方へ移動する。インフレ供給曲線の方は、インフレ率が翌年も今年と同じ6％であれば通常の生産水準200兆円を企業が選ぶはずだから、その二つの数値が示す点を通るように上方に移動する。こうして新しい交点は、インフレ率約8％、国民所得は今年とほぼ変わらず約225兆円になるのである。

こうした理屈をさらに続けていけばどうなるだろうか。図15にはさらに1年後の状況も描き込んだが、インフレは昂進(こうしん)を続ける一方で国民所得は先ほどの225兆円をピークに減り始める。さらに年を追っていけば国民所得はやがて通常の水準200兆円をも割り込んで不景気になる一方、インフレは少しスピードダウンしていく。そして、最終的にはインフレが8％のスピードまで戻しながら、国民所得も通常の水準200兆円に落ち着くのである。ちょうど左回りの渦を巻くようにしながら経済は結局もとの生産水準、政府の決めたマネーサプライ増加率と同じインフレ率に収束していく。これは文字通り景気循環であることが分かるが、こうしてルーカスたちは政府の無用の政策に民間が健全に反応することで景気循環が生まれると結論付けたのであった。

先ほどのインフレ需要曲線、インフレ供給曲線はたとえば、それぞれ次のような式で示すことができる。

(今年の国民所得) = (去年の国民所得) + 5
　　　　　　×｛(マネーサプライ増加率) − (今年の物価上昇率)｝

(今年の物価上昇率) = (去年の物価上昇率) + 1/20
　　　　　　×｛(今年の国民所得) − (通常の国民所得)｝

「マネーサプライ増加率」に数値8を、「通常の国民所得」に数値200を代入した上で、上の2式を組み合わせて「今年の物価上昇率」、「今年の国民所得」について解くと以下のようになる。

$$(\text{今年の物価上昇率}) = 1/25 \times (\text{去年の国民所得}) + 4/5$$
$$\times (\text{去年の物価上昇率}) - 32/5$$

$$(\text{今年の国民所得}) = 4/5 \times (\text{去年の国民所得}) - 4$$
$$\times (\text{去年の物価上昇率}) + 72$$

　これにまず「去年の物価上昇率」4％,「去年の国民所得」200兆円を代入して順次計算していけば,私たちが図で確認したように,物価上昇率は4.8, 6.08, 7.49, 8.72と変化していく一方で,国民所得が216, 225.6, 228.16, 224.58と変化していく。

　この景気変動の振幅だが,右上がりのインフレ供給関数の傾きが大きいほど小さいことが図で確認できる。究極の状態はインフレ供給関数が垂直の場合で,このときには国民所得が200兆円から全く変わらず,インフレだけが4％から8％へと一気にスピードアップする。実はこの傾きこそが人々の期待形成がどの程度合理的かを示すのである。なぜなら勤労者がインフレの状況を正確に予期し,マネーサプライ増加率と同じスピードでの賃上げを要求すれば,企業が通常以上の生産を行なう理由がなくなる。これが究極の合理的期待の状態であり,景気循環は人々の期待が合理的でなくなればその分だけ激しさを増すのである。

　しかし,本当に人々が何事も合理的に判断すれば景気循環はなくなるのだろうか。その素朴な疑問は合理的期待を仮定してもなお起こってしまう景気循環の研究へと繋がっていく。こうしてルーカスは,経済学で均衡景気循環理論と呼ばれる最新の研究へと道を開いていったのである。経済学にとって,好景気,不景気がなぜ起こるかは永遠のテーマと言うべきだろうか。

文 献 案 内

　ここで取り上げたのは，読者の皆さんが，今後経済学を学習されていくときの導きとなり得る諸著作である。ミクロ経済学について 2 冊，ゲーム理論について 2 冊，マクロ経済学について 3 冊，金融論が 2 冊，財政学が 1 冊，国際経済が 2 冊，統計学が 1 冊となっている。
　経済学の本を読んでいて難しいと感じるのには 2 つの理由がある。一つは，その本がよくないことであり，もう一つは，その著作が正確に論理を伝えようとしていることである。ここで紹介したのは，がんばって読みこなせば，必ず正しい理解の得られる良書だけだ。逆に巷間に溢れる，易しくとっつきやすい本は，中身が薄すぎるために，理解したと感じるだけでその実，何も身に付かないものが多い。それどころか，専門の経済学者の手によらない著作のなかには，明らかな誤りを含んだものも見受けられる。
　どうか，学習にあたっては，楽しく取り組みながらも，時間をかけて，考えながらゆっくりと進むことを心掛けていただきたい。そのためにも本物をよく選ぶことである。

根岸隆『ミクロ経済学講義』（東京大学出版会，1989 年）
　ミクロ経済学自体の広がりやマクロ経済学との繋がりにも十分に配慮しながら，明確な論理をゆったりと展開した，著者らしい良書である。

西村和雄『ミクロ経済学』（東洋経済新報社，1990 年）
　大学生の学力低下を憂慮する著者の手になる，数学的な基礎にも配慮したよいテキストである。一般均衡の取り扱いが特に秀逸である。

岡田章『ゲーム理論』（有斐閣，1996 年）
　日本語で書かれた本格的なゲーム理論の教科書としては最初のものと言ってよい。応用例も多く，ゆっくりなら無理なく進めるだろう。

松井彰彦『慣習と規範の経済学――ゲーム理論からのメッセージ』（東洋経済新報社，2002 年）
　若い著者による意欲的な著作である。広く社会のなかに見られるゲーム理論的な状況を分析し，議論の広がりを理解させてくれる。

吉川洋『現代マクロ経済学』（創文社，2000 年）
　独特のケインジアンとして知られ，経済政策にも携わる著者のマクロ経済学のテキスト。丁寧な叙述を通じて，マクロ経済学の諸理論について明瞭な理解が得られる。

足立英之『マクロ動学の理論』(有斐閣, 1994年)
　動学という観点からマクロ経済学の全体像を通観した著作である。奇を衒わない平明な叙述で, 数学的な部分も無理なく読みこなせるだろう。

斎藤誠『新しいマクロ経済学――クラシカルとケインジアンの邂逅』(有斐閣, 1996年)
　マクロ経済学の論理について, 直感的な理解を重視したよい解説が多い。新古典派とケインジアンを対比しつつ融合していく手際も優れている。

斎藤誠『金融技術の考え方・使い方――リスクと流動性の経済分析』(有斐閣, 2000年)
　著者の考えが随所に取り入れられつつも, 偏りなく理解できる, よいテキストに仕上がっている。流動性の扱いに, 著者ならではのこだわりが見られる。

野口悠紀雄・藤井眞理子『金融工学――ポートフォリオ選択と派生資産の経済分析』(ダイヤモンド社, 2000年)
　日本語で書かれた金融工学のテキストとしては, 最も完成された良書である。コラムも随所にあって読みやすく, 数学嫌いでも読み通せるだろう。

井堀利宏『財政』(岩波書店, 2001年)
　現在の財政理論はいかなるものかを, 通覧させてくれる初級テキスト。古い財政学を離れて, ここからさらに学習を進めていくことができる。

伊藤元重・大山道広『国際貿易』(岩波書店, 1985年)
　貿易についての理論を余すところなく, 丁寧に展開した良書である。繰り返し読んでは, 現実の通商問題と照らし合わせてみてもらいたい。

河合正弘『国際金融論』(東京大学出版会, 1994年)
　開放マクロ経済学の体系を踏まえて書かれた, 国際金融のよいテキストである。読み通すことで, いろいろな見解の位相の相違を頭に入れることができる。

田中勝人『計量経済学』(岩波書店, 1998年)
　とかく難しいと思われがちな計量経済学の全体をコンパクトにまとめたテキストで, 細部にも手を抜いていない。初学者もこの著作から入ることが望ましい。

おわりに

　先日，中学時代の同級生から電子メールが届いた。何でも，私たちの学年は今年が厄年で，地元の神社で厄払いと同窓会をするという。いつも仕事で忙しいと言っているから，参加できないに決まっているが，パンフレットに載せたいので厄年についての文献を紹介してほしい，と言う。学者なんだから，そのくらい分かるだろうと言うのだろうが，私は経済学者であって文化人類学は専門外だ。それでも，頼まれたら断れない性で何冊かを紹介した。
　厄年は社会的にも経済的にも転機を迎える男女に，自重した行動を呼びかける古くからの知恵だろう。40を過ぎたら右顧左眄してはならないという言い方には，孔子の「四十にして惑わず」というのもある。私も経済学者として「三十にして立（つ）」って以来，自分の研究と大学での教育活動に，わき目も振らず邁進してきた。だが，最近は，自分の勉強させてきてもらった経済学で，世の中にどのような貢献ができるだろうと考えるようにもなった。
　ローカルFM局で番組をしていたこともある私だが，最近は朝日カルチャーセンターで新聞の経済記事や『経済財政白書』を解説する講座を行なったり，奉職する大学のエクステンション・センターで「自己責任時代がやってきた！――電卓でできる資産運用・財務管理」と題する連続講義を担当したりしている。それにつけても感じることは，教育の本質ということである。ことは経済学にとどまらない。学生さんたちも，面白くて役に立つということで，私の授業をたくさん受講してくれる。そうなのである。大学の授業，さらには学問の存在理由は，学んで面白いか，学んだことが役に立つかのどちらか以外にはない。そして，社会人の皆さんを対象に講義をしていると，この二つの目的が深いところで繋がっていることがよく分かる。
　私が不惑の転機を迎えたように，現在，日本の大学教育も大きな転換期にある。学歴やモラトリアム期間に還元されない，高等教育の本当の意味を考

えないと大学そのものが世間から見放される。今夏から私は，中学生，高校生を対象にした数学講座も開始する予定である。これはもちろん，新入生獲得というみみっちい根性で企画したものではない。子供たちに大学に進学することの意味と自分の将来をよく考えてほしいと思っている。また，私自身もここからさらに多くのことを学んでいくことだろう。

そんなことを考えているときに，ナカニシヤ出版の津久井輝夫さんから新著出版のお話をいただいた。私自身も一般の方々向けにもう1冊，拙著にまとめたい内容が溜まっていたところだったので二つ返事で引き受けた。本書は，私のなかで，『新版・おもしろ経済学史――歴史を通した現代経済学入門』（ナカニシヤ出版，2004年）や『経済学の知恵――現代を生きる経済思想』（ナカニシヤ出版，1999年）とともに三部作をなすものである。『おもしろ経済学史』との繋がりで言うと，本書はその上級編という内容である。前著を読んだ上で本書に進めば，現代経済学の歴史と経済学全体の体系がよりよく理解できるだろう。『経済学の知恵』との関係で言えば，本書は，前著の思想編に対して理論編という内容を持っている。前著から本書に進んだ読者は，社会や経済の捉え方の広がりを踏まえて，クリアで一義的な答えに辿り着けるだろう。

編集者の津久井さんは，コラムを挿入して時事問題を取り上げるなど，もっとビビッドな本作りを期待していたようである。だが，時事問題はすぐに古くなるので，もっと普遍的で人間の深いところに根ざした真理を指し示したいという，私の意向に折れてくれた。本書が，読者の皆さんのお役に少しでも立ったとすれば，楽しい執筆と校正を，私の思い通りに許してくれた津久井さんのお蔭である。この場を借りて感謝申し上げたい。

本書の中身である，経済学のうち何を教えるべきか，何が役に立つかの選別には，大学の授業での学生の皆さんとのやり取りがいちばん役に立った。あらためて感謝したい。また，学会等を通じた，国内外の経済学者仲間との議論は，自分の研究活動だけでなく教育活動にとっても大きな刺激になる。本書の執筆にあたっても，これらに多くを負っていることは言うまでもない。感謝の意を表したい。さらに，大学の同僚たちとの日常や会議での，教育や指導を巡る白熱した議論も，教育者としての私のパワーの源である。日頃，

なかなかその機会がないので，やはり，この場を借りて深くお礼申し上げる。

　最後になったが，20年前に学生結婚して以来，私を物心両面で支えてくれ，フィッシングやスキーにも付き合ってくれる，かけがえのない妻・祥恵と，私の一人娘にして癒しの根源であるロシアンブルーのソフィアに，本書を捧げることをお許しいただきたい。

人名索引

ア 行

アルバート安藤 (Ando, Albert) 104
アロー (Arrow, Kenneth J.) 18, 130
ヴァイナー (Viner, Jacob) 58-61, 65
ウィーエル (Whewell, William) 5-7
ヴィクセル (Wicksell, Johan Gustaf Knut) 29, 30
ヴィトゲンシュタイン (Wittgenstein, Ludwig) 119, 120
宇沢弘文 (Uzawa, Hirofumi) 133
エッジワース (Edgeworth, Francis Ysidro) 120
オークン (Okun, Arthur M.) 188
オーリン (Ohlin, Bertil Gotthard) 31-36, 42, 71

カ 行

カッセル (Cassel, Karl Gustav) 17, 30
カーン (Kahn, Richard Ferdinand) 177
カントロビッチ (Kantorovich, Leonid Vitalievich) 115, 132
キャス (Cass, David) 133
クープマンス (Koopmans, Tjaling C.) 109, 115, 130-133
クライン (Klein, Lawrence Robert) 111-113
グールド (Gould, John P.) 140
クールノー (Cournot, Antoine Augustin) 18-24, 26, 27
クーン (Kuhn, Thomas Samuel) 4
ケインズ (Keynes, John Maynard) 15, 32, 33, 57, 69-71, 73, 76-79, 82, 85, 92, 94, 111-113, 118, 120, 121, 125, 126, 133, 136, 139, 156-160, 169, 174-177, 183
コブ (Cobb, C.) 54, 147, 148, 151, 152

サ 行

サヴィッジ (Savage, Leonard James) 126
サージェント (Sargent, Thomas J.) 185
サムエルソン (Samuelson, Paul Anthony) 31, 40, 85, 92, 96, 104, 130, 169, 175
シムズ (Sims, Christopher A.) 116, 185
シャープ (Sharp, William S.) 85, 90, 91
シュタッケルベルク (Stackelberg, Heinrich von) 22, 26, 28
シュンペーター (Schumpeter, Joseph Alois) 16
ジョルゲンソン (Jorgenson, Dale W.) 140
ショールズ (Sholes, Myron S.) 92
スティグラー (Stigler, George Joseph) 43-46
ストルパー (Stolper, Wolfgang) 40
スミス (Smith, Adam) 3, 18, 146
スラッファ (Sraffa, Piero) 119, 120
セイ (Say, Jean Baptiste) 17
ソロー (Solow, Robert Merton) 147, 151

タ 行

ダグラス (Douglas, Paul Howard) 54, 147, 148, 151, 152
チェンバレン (Chamberlin, Edward Hastings) 22, 58, 59
ティンバーゲン (Tinbergen, Jan) 111
トービン (Tobin, James) 82-85, 92, 94, 101, 102, 130, 139, 140, 186
トレンズ (Torrens, Robert) 6
ドーンブッシュ (Dornbush, Rudiger) 157, 164, 165

ナ 行

ナイト (Knight, Frank Hyneman) 57, 58, 61
ナッシュ (Nash, John Forbes, Jr.) 23
ノイマン (Neumann, John von) 17, 23, 127
ノードハウス (Nordhaus, William D.)

175

ハ 行

パティンキン (Patinkin, Don)　168, 169, 174-176
ハーバラー (Haberler, Gottfried von)　71
ハーベルモ (Haavelmo, Trygve)　109-111, 140
パレート (Pareto, Vilfredo Federico Damaso)　16
ハロッド (Harrod, Roy Forbes)　76, 119, 138, 151
ピグー (Pigou, Arthur Cecil)　69, 70, 120, 176
ヒックス (Hicks, John Richard)　75, 151, 169, 174
フィッシャー (Fisher, Irving)　68, 69, 83, 110, 140, 144
フィリップス (Phillips, Alban William)　175, 187-189
フェルプス (Phelps, Edmund S.)　138
ブラック (Black, Fisher)　92
フリッシュ (Frisch, Ragner Anon Kittil)　110
フリードマン (Friedman, Milton)　44, 82-85, 130, 163, 174, 183, 186, 187, 189
フレミング (Fleming, J.M.)　158, 164, 166
ベイズ (Bayes, Thomas)　126, 127, 129
ヘクシャー (Heckscher, Eli Filip)　30, 31, 34, 36
ベルトラン (Bertrand, Joseph Louis François)　21, 22, 24, 26
ボーモル (Baumol, William)　92
ホワイトヘッド (Whitehead, Alfred North)　121
ポワッソン (Poisson, D.)　18

マ 行

マーコビッツ (Markowitz, Harry M.)　84-87, 90
マーシャル (Marshall, Alfred)　6, 8, 15, 19, 65, 69, 70
マートン (Merton, Robert C.)　92
マルサス (Malthus, Thomas Robert)　3, 4
マンデル (Mundell, Robert A.)　154, 155, 157, 158, 160, 163-166
ミッチェル (Mitchell, Wesley C.)　132
ミュース (Muth, John Fraser)　181
ミラー (Miller, Merton H.)　85, 96, 99-103
ミル (Mill, John Stuart)　5-7
モジリアニ (Modigliani, Franco)　95, 96, 99-105
モルゲンシュテルン (Morgenstern, Osker)　23, 127

ヤ 行

ヤング (Young, Allyn Abbott)　143, 144, 146, 152

ラ 行

ラーナー (Lerner, Abba Ptachya)　15
ラッセル (Russell, Bertrand)　121
ラムジー (Ramsey, Frank Plumpton)　119-121, 126, 127, 133, 136
ランゲ (Lange, Oskar Ryszard)　169
リカード (Ricardo, David)　3-7, 35, 70
リプチンスキー (Rybczynski, T)　41, 42
ルーカス (Lucas, Robert E., Jr.)　140, 180-184, 186-192
ロス (Ross, Stephen A.)　90
ロバートソン (Robertson, Denis Holme)　70, 71, 76
ロビンズ (Robbins, Lionel Charles)　144
ロビンソン (Robinson, Joan Violet)　22, 58

ワ 行

ワルラス (Walras, Marie Esprit Léon)　16-19

事項索引

ア 行

IS‐LM 分析　158, 160, 172, 174
IS 曲線　158-160, 162, 163, 174-176, 178
赤字主体　71
安全資産　88-90, 92
鞍点　109
異時点間均衡　135
一般均衡　16-19, 22, 51, 130, 169
移転収支　160
因果性　117
インカム・ゲイン　85, 102
インフレ供給関数　188-190, 192
インフレ供給曲線　189, 191
インフレ需要関数　188-190
インフレ需要曲線　190, 191
後ろ向き帰納法　122, 123
AS‐AD 分析　172, 175
AS 曲線　170-172, 176
エクイティー・ファイナンス　102
AD 曲線　170-176
LM 曲線　158-160, 162, 163, 165, 166, 173, 174, 178
オークンの法則　188
オーバーシューティング　157, 164, 165, 167
オファー・カーブ　8-10, 15
オプション　91, 92, 167

カ 行

外生的技術進歩　146, 149, 152
外生変数　113-116
価格競争　24-26
貸方　97, 98
貸付資金　71, 72, 74-77, 160
寡占　21-23
カバー付き金利平価　166, 167
カバー無し金利平価　166
株主資本　98
貨幣乗数　179
貨幣の流通速度　68, 69, 173, 174, 178
可変費用　62-64, 66, 67
借方　97, 98
カリブレーション　185, 186
完全競争　21, 58
完全雇用　160, 163, 170, 175
完全情報　182
完全特化　38
危険資産　87-89
技術資本　153
期待形成　181, 182, 192
逆資産効果　176
客観確率　125
キャッシュフロー　74, 97
キャピタル・ゲイン　85, 102
q レシオ　83
均衡景気循環　192
金利変動リスク　89, 92
クラウディング・アウト　173, 174, 178
クールノー均衡　24, 26, 27
黒字主体　71
経常収支　34, 160, 161
契約曲線　50
ゲームの木　121
限界効用　47, 50
限界収入　19-21, 27, 28
限界消費性向　177
限界代替率　50, 51
限界の q　140
限界費用　19-21, 24, 27, 28, 46-48
限界変形率　48, 50, 51
ケンブリッジ方程式　69
原問題　109
権利行使価格　91
交易条件　6, 7, 10-12, 14, 15, 32
交換方程式　68, 69
購買力平価　30, 163, 165, 166
効用　47, 54, 126-128
効用関数　54, 55
合理的期待　82, 83, 181-187, 192

——形成　182
国際収支　160, 161, 163, 164
国内総生産　31
国民所得　69, 77, 112, 114, 158-162, 165, 170-176, 178, 188, 189, 191, 192
誤差項　117
固定資産　98
固定資本　98
固定費用　62, 63, 66, 67, 146

サ　行

最大値原理　133
裁定　90, 100
最適成長　120, 132
最適通貨圏　155, 157
先物取引　56, 167
サプライ・サイド　169, 170, 172
Jカーブ効果　13, 14
時価会計　101
時間選好　134-136, 138, 140, 141
直先スプレッド　167
識別問題　115, 116
直物取引　167
事後確率　127-129
自己資本　98-100, 103
資産効果　176
市場ポートフォリオ　90
システミック・リスク　88
事前確率　127
自然失業率　190
自然対数の底　81
実質残高　69, 176
　　——効果　176
実物的景気循環　138
シーニョリッジ　156, 157
資本コスト　102
資本産出量比率　151
資本市場線　90
資本収支　34, 160, 161
資本集約的産業　38, 40
資本節約的技術進歩　151
資本増大的技術進歩　151
資本の限界効率　139, 140
資本の限界生産性　136, 138, 139
資本利子　135
資本労働比率　150, 151

従属変数　113
主観確率　121, 123, 126-128
シュタッケルベルク均衡　26, 28
シューレス・コスト　93, 94
乗数　177, 178
消費関数　112, 113
消費性向　177, 178
情報集合　123, 124, 127
情報不完備ゲーム　123
所得効果　33
所得収支　160
新古典派の黄金律　138
人的資本　153
信用リスク　89
数量競争　24
スタグフレーション　175, 186, 187
ストック量　73
静学的期待　182
生産可能性フロンティア　48-50
生産関数　54, 152, 153
生産要素　36, 39-41, 98
セイの法則　17
製品差別化　59
絶対偏差　86
絶対優位　35
先決変数　113, 115
全要素生産性　147
戦略　22, 121, 123, 124
操業停止点　67
相互需要　6, 7
双対性　109
双対問題　109
ソロー残差　147
ソロー中立的技術進歩　151
損益分岐点　67

タ　行

代替効果　33
他人資本　99, 100
短期金利　80
短期総費用曲線　63-65
単利　79, 80
弾力性　11-15, 120
知識資本　153
長期金利　80
長期総費用曲線　64, 65

長短金利の逆転　80
直接投資　160
賃金の下方硬直性　172
通貨スワップ　167
ディマンド・サイド　169, 170
適応的期待　182
デッド・ファイナンス　102
デリバティブ　167
展開形　121
等産出量曲線　148-151
投資の限界効率　140
投資の調整費用　140
等利潤曲線　25, 26
独占　19-21, 44, 45, 58, 59
独占的競争　22, 58, 59
独立変数　113
トービンのq　83, 84, 101, 102, 139
トレンド　185

ナ 行

内生的技術進歩　152, 153
内生変数　113-116
内部収益率　140
ナッシュ均衡　23
ニュメレール　17

ハ 行

ハイパワード・マネー　179
パラメータ　112, 113, 115, 184-186
バランスシート　97, 98, 100
ハロッド中立的技術進歩　138, 151
反応曲線　23-26, 28
比較優位　35
ピグー効果　176
ヒステレシス効果　67
ヒックス中立的技術進歩　151
BP曲線　160-163, 173
非貿易財　34
標準形　121
標準偏差　86-88, 90
フィスカル・ポリシー　156
フィリップス・カーブ　187-189
付加価値　53, 139, 178
不確実性　57, 127, 130
不完全特化　40-42
複占　20

複利　79-81
部分均衡　19
プライス・リーダーシップ　26
プレイヤー　22, 121
プレミアム　77, 78
フロー量　73, 165
平均可変費用　66
平均消費性向　177
平均のq　140
平均費用　62-66
――曲線　61, 62
ベイズの公式　127-129
ベルトラン均衡　26
変動ゲーム　123
変分法　133
貿易財　34
貿易収支　160
貿易創出効果　60
貿易転換効果　60
包絡線　62, 65
ポートフォリオ　84, 86-90
ボラティリティ　86, 91, 185
ポリシー・ミックス　163

マ 行

埋没費用　67
マーシャルのk　69
マネーサプライ　74, 77-79, 160, 162, 163, 165, 173, 174, 178, 179, 189-192
無差別曲線　49-51

ヤ 行

誘導形　114, 115
輸出財　34
輸入財　34
輸入性向　177, 178
要素価格フロンティア　36-40, 42

ラ 行

ラーニング・カーブ　63, 64
ランダム・ウォーク　86
リスク　56, 57, 85-90
――・プレミアム　77, 78, 90, 161, 162
――・ヘッジ　167
リターン　85, 86, 89
利得　22, 121, 122

流動資産　98
流動資本　98
流動性　73, 74, 78, 93, 173
　——制約　74
　——選好　73–77, 79, 160, 173, 174, 176, 178
　——の罠　79, 174, 176
　——プレミアム　78, 79, 92, 94, 160
ルーカス・クリティーク　184
レバレッジド企業　99, 102

労働産出量比率　151
労働集約的産業　38, 40
労働節約的技術進歩　151
労働増大的技術進歩　151
論理確率　125

ワ行

割引現在価値　133
ワルラス法則　17

■著者略歴

山﨑好裕（やまざき・よしひろ）
　1962年　青森県に生まれる。
　1988年　東京大学経済学部卒業。
　1993年　東京大学大学院経済学研究科博士課程修了。東京大学博士（経済学）。
　1999年　デューク大学（アメリカ合衆国ノースカロライナ州）経済学部客員研究員。
　現　在　福岡大学教授。
　著訳書　『新版・おもしろ経済学史――歴史を通した現代経済学入門』（ナカニシヤ出版、2004年）、『経済学の知恵――現代を生きる経済思想』（ナカニシヤ出版、1999年）、『基礎情報学――情報化社会への道しるべ』〔共著〕（共立出版、2000年）、『企業と社会の境界変容――組織の原理と社会形成』〔共著〕（ミネルヴァ書房、1999年）、S. D. コーエン『アメリカの国際経済政策――その決定過程の実態』〔共訳〕（三嶺書房、1995年）。他に英語論文多数。

経済学オープン・セサミ
――人生に得する15の奥義――

2003年5月15日	初版第1刷発行
2012年3月12日	初版第4刷発行

　　　　　　　　著　者　　山﨑好裕
　　　　　　　　発行者　　中西健夫
　　　　　発行所　株式会社　ナカニシヤ出版
　　　　　〒606-8161　京都市左京区一乗寺木ノ本町15
　　　　　　　　　　　TEL (075)723-0111
　　　　　　　　　　　FAX (075)723-0095
　　　　　　　http://www.nakanishiya.co.jp/

© Yoshihiro YAMAZAKI 2003　　印刷・製本／シナノ書籍印刷
　　　＊落丁本・乱丁本はお取り替え致します。
　　ISBN978-4-88848-767-2　Printed in Japan

◆本書のコピー，スキャン，デジタル化等の無断複製は著作権法上での例外を除き禁じられています。本書を代行業者等の第三者に依頼してスキャンやデジタル化することはたとえ個人や家庭内での利用であっても著作権法上認められておりません。

経済学の知恵
―現代を生きる経済思想―

山﨑好裕

経済学の巨人たち24人の生涯とその思想を、エピソードを交え分かりやすく紹介。その中から私たちの生活へのヒントを読み取り、現代の経済を捉える複眼的な視点を説くユニークな経済学入門。

二五二〇円

新版・おもしろ経済学史
―歴史を通した現代経済学入門―

山﨑好裕

経済学の歴史を通じ、数式計算を一切使わず、楽しみながら現代経済学の全体像が分かる。それぞれの経済理論が、どんな経済学者によって、どんな経済問題に対して開発されたのかが学べる、肩の凝らない読み物的入門書。

二三一〇円

経済学者に騙されないための経済学入門

高増明・竹治康公 編

「経済学ってなに?」「経済学者ってなにをする人?」そんな素朴な疑問に、一番分かりやすく刺激的で挑発的に答える経済学入門。経済学や経済学者の問題点を知れば知るほど、経済がどんどん身近になる。

二九四〇円

経済学という市場の読み方〔改訂版〕
―その最低限単純マニュアルと思索への通路―

岡林 茂

ごく単純な原理さえ飲み込めば経済は理解できる。このモットーのもとに、基礎理論から複雑な経済現象までを分かりやすく読み解く、最初一歩の経済学入門。豊富な例題と親切な模範解答つき。

三一五〇円

表示は二〇一二年三月現在の税込価格です。